Emil Hampel

Untersuchungen über das lateinische Patriarchat

von Jerusalem von Eroberung der heiligen Stadt bis zum Tode des patriarchen

Arnulf

Emil Hampel

Untersuchungen über das lateinische Patriarchat
von Jerusalem von Eroberung der heiligen Stadt bis zum Tode des patriarchen Arnulf

ISBN/EAN: 9783743307353

Hergestellt in Europa, USA, Kanada, Australien, Japan

Cover: Foto ©Thomas Meinert / pixelio.de

Manufactured and distributed by brebook publishing software (www.brebook.com)

Emil Hampel

Untersuchungen über das lateinische Patriarchat

Untersuchungen über das lateinische Patriarchat von Jerusalem von Eroberung der heiligen Stadt bis zum Tode des Patriarchen Arnulf.

(1099 bis 1118.)

Ein Beitrag zur Geschichte der Kreuzzüge.

Inaugural - Dissertation

zur

Erlangung der Doktorwürde der philosophischen Fakultät

der

Friedrich-Alexanders-Universität Erlangen

vorgelegt von

Emil Hampel

aus Tschirmkau.

Tag der mündlichen Prüfung: **25. Oktober 1898.**

BRESLAU.
Schlesische Volkszeitungs-Buchdruckerei.
1899.

I. Die Jerusalemer Kirche von der Eroberung der heiligen Stadt bis zur Wahl des Patriarchen Daibert.

(15. Juli bis Weihnachten 1099.)

Am 15. Juli 1099 war Jerusalem von den Kreuzfahrern erobert worden[1]). Am achten Tage nach der Einnahme der Stadt versammelten sich die Fürsten des Heeres, um einem aus ihrer Mitte die Verteidigung des eroberten Landes zu übertragen[2]). Keine einzige Quelle berichtet, dass auch Vertreter der Geistlichkeit an der Wahl teilgenommen habne. Diese Uebergehung des Klerus hatte ihren Grund darin, dass derselbe einer weltlichen Herrschaft in Jerusalem abgeneigt war. Schon einmal nämlich, während der Belagerung der Stadt, hatten die Fürsten mit Hinzuziehung des Klerus über die Wahl eines Königs beraten. Damals hatten die Vertreter der Geistlichkeit erklärt, in der Stadt, wo Christus gelitten

---

[1]) Gesta Francorum et aliorum Hierosolymitanorum im Recueil des historiens des croisades. Historiens occidentaux. Tome III. p. 161.
Raimund de Agiles R. III. p. 300. Fulcher R. III. p. 361 u. a.

[2]) Gesta Fr. III. 161. Octavo autem die quo civitas fuit capta, elegerunt ducem Godefridum principem civitatis, qui debellaret paganos, et custodiret Christianos.

Auch andere Quellen geben als Tag der Wahl den achten nach Eroberung der Stadt an. — Sybel, Geschichte des ersten Kreuzzuges, Leipzig 1881 p. 416 lässt hiernach die Wahl den 23. Juli stattfinden.

Hagenmeyer, Eccehardi Hierosolymita, Tübingen 1877 p. 173 Anm. 5 setzt sie mit mehr Recht auf Freitag, den 22. Juli. s. l. l. c. c.

Kugler, Albert von Aachen, Stuttgart 1885 p. 223 nimmt als Wahltag Sonntag, den 24. Juli an. Diese Annahme hat Kühn, Geschichte der ersten Lateinischen Patriarchen von Jerusalem, Leipzig 1868 widerlegt

und gestorben, dürfe nur ein geistliches Oberhaupt gebieten, dem ein weltlicher Vogt zur Abwehr der Feinde an die Seite zu setzen sei[1]).

Die Wahl wurde damals verschoben bis nach der Eroberung Jerusalems; aber auch jetzt noch war die Gesinnung des Klerus dieselbe. Dazu kam, dass die Geistlichkeit ohne einflussreiche Führung war und nur geringe Achtung im Heere genoss.

Nach dem Tode des päpstlichen Legaten, des Bischofs Adhemar von Puy[2]), und des Bischofs Wilhelm von Orange werden überhaupt nur noch zwei Bischöfe genannt[3]). Der eine von ihnen war der fromme Bischof von Albara, welchen Raimund nach Eroberung dieser Stadt eingesetzt hatte[4]). Er war es auch, welchem der Graf den Davidsturm anvertraute[5]).

Der andere war der Bischof von Matera[6]), welcher sich auf unrechtmässige Weise in die Kirche von Betlehem eingedrängt hatte und nicht im besten Rufe stand[7]). Diesem hatte sich ein Kleriker mit Namen Arnulf angeschlossen[8]). Albert von Aachen[9]) nennt seinen Geburtsort Rohes, ein Kastell Flanderns, Ordericus Vitalis Zocris[10]). Die Lage desselben lässt sich nicht bestimmen[11]). Nach Raimund war er der Sohn eines Priesters[12]). Die Richtigkeit dieser Angabe

---

[1]) Raim III. 296.

[2]) Adhemar von Puy war am 1. August 1098 in Antiochien gestorben. Raim. III. 262. Tulcher III. 350.

[3]) Raim. III. 301.

[4]) Raim. III. 266. Albertus Aquensis lib. V. c. 27.

[5]) Raim. III. 301. tradidit turrem in manu Albariensis episcopi. Sybel op. c. 419 nennt hier fälschlich den Bischof von Matera.

[6]) Matera ist eine Bischofsstadt in Apulien nordwestlich von Otranto.

[7]) Raim. l. c. Wilhelm von Tyrus, Rec. I. 365 nennt ihn homo perversae mentis pro nihilo ducens honestatem.

[8]) Wilh. v. Tyr. l. c.

[9]) Alb. Aq. lib. VI. c. 8.

[10]) Ordericus Vitalis bei Le Prevost Bd. III. p. 612.

[11]) Ueber die Vermutungen bezüglich des Ortes Rohes siehe Hagenmeyer op. c. 264 und Hody, Godefroid de Bouillon et les rois latins de Jerusalem. Paris 1859 p. 86 ff.

[12]) Raim. III. 302; nach ihm Wilh. von Tyr. I. 365; auch Guibert abbas lib. VII. c. 14.

wird durch einen Brief bestätigt, welchen Papst Paschalis II. im Jahre 1116 an den König Balduin von Jerusalem schrieb[1]). Allgemein rühmte man Arnulfs Beredsamkeit und Kenntnisse[2]). Diesen verdankte er es, dass ihm der Unterricht der Tochter des Königs Wilhelm I. von England, mit Namen Caecilie, anvertraut wurde[3]), welche in das Kloster S. Trinitas zu Caen eintrat und später dessen Aebtissin wurde[4]).

Auch Radulf, der Geschichtsschreiber Tancreds, genoss als Knabe längere Zeit in dieser Stadt den Unterricht Arnulfs[5]). Da Radulf um 1080 geboren ist[6]), so wird er kurz vor Beginn des Kreuzzuges Arnulfs Schüler gewesen sein. Dieser hat sich also nach 1090, wahrscheinlich bis zu seinem Aufbruch nach dem Orient im September 1096[7]), in Caen aufgehalten.

Radulf nennt seinen Lehrer „iuvenis"; wir können also annehmen, dass derselbe 1096 nicht viel über 30 Jahre alt gewesen ist.

Arnulf begleitete den Herzog Robert von der Normandie, welcher ihm auf die Fürsprache seiner Schwester ein Bistum seines Landes zugesagt hatte[8]), als Kaplan nach dem Orient[9]).

Auch der Bischof Odo von Bayeux, der Oheim des Herzogs, ein Mann von leichten Sitten[10]), begünstigte Arnulf und hinterliess ihm bei seinem Tode einen Teil seiner Schätze[11]).

---

[1]) Dieser Brief ist abgedruckt bei Rozière, Cartulaire de l'eglise du Saint-Sepulcre de Jerusalem. Paris 1849. Nro. 11. Jaffé, editio II. Nro. 6528.

[2]) Guib. ab. l. c.; gest. Fr. III. 161.; Raim. III. 281.

[3]) Guib. ab. l. c.

[4]) Order. Vit. III. 194; an dieser Stelle erfahren wir auch den Namen der Prinzessin.

[5]) Radulfi Cadomensis gesta Tancredi bei Martene et Durand, novus thesaurus anecdotorum p. 112; auch im Rec. III. 604.

[6]) Vorrede des Martene zu Radulf p. 107; Natus igitur Cadomi est anno circiter 1080 eadem vero in urbe educatus.

[7]) Order. Vit. III. 483.

[8]) Guib. ab. lib. VII. c. 14.

[9]) Raim. III. 302.

[10]) Order. Vit. III. 263.

[11]) Guib. ab. l. c.; er starb zu Palermo im Februar 1097. Order. Vit. III. 664.

Zum ersten Male trat dessen Persönlichkeit in den Vordergrund vor Arkas, wo er die Echtheit der heiligen Lanze bezweifelte. Als man ihn aufforderte, öffentlich zu widerrufen, entgegnete er spöttisch, er müsse vorher mit seinem Herrn reden[1]). Hierdurch zog er sich den Hass der gläubigen Provençalen zu. Wir dürfen deshalb auch die Nachricht Raimunds, dass er während des Zuges wenig Enthaltsamkeit übte, nur mit Vorsicht aufnehmen[2]).

Als die Kreuzfahrer während der Belagerung Jerusalems eine Prozession nach dem Oelberge veranstalteten, hielt Arnulf eine Rede, worin er das Volk zur Ausdauer ermahnte[3]).

Nach Eroberung der heiligen Stadt forderte er unerschrocken von Tancred die Herausgabe der geplünderten Tempelschätze, und dieser musste sich bequemen, dieselben auszuliefern[4]).

Diese beiden Männer, der Bischof von Matera und Arnulf, standen an der Spitze des Klerus. Sobald derselbe von dem Vorhaben der Fürsten Kenntnis erhielt, war er auch entschlossen, abermals gegen die Wahl Einspruch zu erheben. Unter Führung des Bischofs von Matera und Arnulfs[5]) verlangte man auch jetzt wieder die Wahl eines geistlichen Oberhauptes.

Diese Ansprüche des Klerus wurden jedoch wiederum zurückgewiesen. Die Wahl fiel zunächst auf den Grafen Raimund von Toulouse. Dieser lehnte die Krone ab, angeblich, weil er in der Stadt nicht herrschen wollte, wo Christus gelitten habe. Hierauf wurde Gottfried zum Herrscher von Jerusalem gewählt[6]). Auf die Krönung verzichtete er, weil sich Widerspruch dagegen erhob[7]).

---

[1]) Raim. III. 282.
[2]) Raim III. 302; Wilh. von Tyr. I. 365.
[3]) Wilh. von Tyr. I. 340. Tudebod Rec. III. 106.
[4]) Fulcher III. 359 und Radulf III. 699 u. f.
[5]) Wilh. von Tyr. I. 365.
[6]) Raim. III. 301. gesta Fr. III. 161. Fulcher III. 361.
[7]) Fulcher III. 382 sagt anlässlich der Krönung Balduins: Et quod fratri suo praedecessori non fecerant, quoniam noluit, et tunc laudatum a quibusdam non fuit, huic ratione sapientius considerata fieri decreverunt. — Ueber die Königswahl s. Kühn p. 8 u. ff.

Obwohl die ungerechtfertigten Forderungen des Klerus entschieden zurückgewiesen worden, war es doch die nächste Sorge Gottfrieds und der Fürsten, die Verhältnisse der Jerusalemer Kirche zu ordnen, die durch den Tod des griechischen Patriarchen Simon verwaist war[1]). Zu diesem Zwecke kam man am Feste S. Petri ad vincula (1. August)[2]) abermals zusammen. Für den Dienst des heiligen Grabes wurden zwanzig Chorherren eingesetzt und mit reichen Einkünften ausgestattet[3]).

Die Mönche, welche Gottfried aus seiner Heimat mitgenommen hatte, siedelte er ihrem Wunsche gemäss im Thale Josaphat an und schenkte ihnen einen umfangreichen Besitz. Ebenso freigebig erwies er sich gegen die anderen Kirchen[4]).

Bei dieser Gelegenheit wurde auch die Wahl eines lateinischen Patriarchen in Erwägung gezogen, doch sind die Angaben der Quellen hierüber sehr widersprechend.

Nach Angabe der Gesta Francorum wurde Arnulf zum Patriarchen gewählt[5]). Auch Raimund[6]) erzählt, dass Arnulf, der Kaplan des Herzogs Robert von der Normandie, zum Patriarchen gewählt wurde; aber diese Wahl vollzog sich nach ihm auf durchaus unrechtmässige Weise: sie ging nur von einer kleinen Partei aus unter dem Widerspruch aller

---

[1]) Alb. Aq. lib. VI. c. 39 ff.
[2]) Gesta III. 161.
[3]) Fulcher III. 361. Wilh. von Tyr. I. 376.
[4]) Wilh. von Tyr. l. c.
[5]) Gesta III. 161. Similiter elegerunt Patriarcham, quendem sapientissimum et honorabilem virum, nomine Arnulfum, in die St. Petri ad vincula.
[6]) Raim. III. 302. Hisque peractis reversi sumus Hierosolymam. Eo tempore Arnulfus, capellanus Normanniae comitis, a quibusdam in patriarcham eligitur, contradicentibus bonis, tum quia non erat subdiaconus, maxime etiam quia erat de genere sacerdotali, et in itinere nostro de incontinentia accusabatur, adeo ut vulgares cantus de eo inhoneste composuissent. Sed ille nec non canonum decreta reveritus, tanta ambitione tentus, nec generis nec conscientiae infamiam, contra bonos populum concitavit, atque se cum hymnis et canticis in sede patriarchali, magno populorum plausu, elevari fecit.

besseren Elemente. Mit Raimund stimmen fast völlig überein der Abt Guibert[1]) und Wilhelm von Tyrus[2]).

Fulcher und sein Kompilator Bartholf de Nangeio berichten, dass die Wahl verschoben wurde, bis man die Entscheidung des Papstes eingeholt hätte[3]).

Nach Albert von Aachen[4]) fehlte es an einer geeigneten Persönlichkeit für die Würde eines Patriarchen; man verschob daher die Wahl, bis man eine solche gefunden hätte. Inzwischen wurde Arnulf von Rohes zum Kanzler der Jerusalemer Kirche gewählt.

Um aus diesen widersprechenden Angaben ein Ergebnis zu gewinnen, müssen wir das Verhältnis der einzelnen Berichterstatter zu Arnulf einer Untersuchung unterziehen[5]).

---

[1]) Guib. ab. lib. VII. c. 14. Inopia namque litteratorum virum fecerat clariorem et, dum vox magis quam vita curatur ad hoc, ut Hierosolymitanus fieret Patriarcha, vocatur. Aliquamdiu itaque, solo nomine, pontificale ostentum se praebuit.

[2]) Wilh. von Tyr. l. 369. At vero praedictus Marturanensis episcopus, vir subdolus et nequam, non cessabat interea plebem indoctam contra pios concitare principes, et in vulgus serere, quod invidiae causa, ut eam liberius possent sine pastore conculcare, principes nollent Ecclesiae providere. Assumensque secum eiusdem factionis complices, praedictum Arnulphum, aliis contradicentibus, elegit, et auxilio fretus comitis Normannorum, cuius erat et fuerat in tota expeditione familiaris et conviva, in sedem patriarchalem fatuo populo suffragia inconsulta ministrante, intronizavit. Sed neuter suis adinventionibus laetatus est diu.

[3]) Fulcher III. 361. Patriarcham autem tunc decreverunt nondum ibi fieri, donec a Romano papa quaesissent, quem ipse laudaret praefici.

Bartholf Rec. III. 516. Canonicos autem, qui Domini sepulchro deservirent ibidem statim creaverunt: Ernulfum vero quasi patriarcham eis praeposuerunt, donec a Romano Pontifice, quid agendum foret, requisivissent.

[4]) Alb. Aq. lib. VI. c. 39 ff. Sed recuperata a fidelibus urbe Jerusalem et sacra illius ecclesia renovata Christianissimus Patriarcha e vita discessit sicque ecclesia suo pastore viduata remansit. Quapropter consilio inter Christianorum principes habito et saepius discusso, ut praedictum est, quis tanto viro succederet, non aliquis repertus est tanto honore et divino regimine dignus. Ideoque dilatio facta est, donec inveniretur aliquis, qui ad hoc pontificale officium foret idoneus et tantum Arnolfum de Rohes, clericum mirae prudentiae et facundiae, cancellarium sanctae Ecclesiae Hierosolymitanae procuratorem sanctorum reliquiarum et custodem eleemosynarum fidelium constituerunt.

[5]) Eine allgemeine Kritik der Quellen hat Sybel in seiner Geschichte des ersten Kreuzzuges gegeben.

Die Gesta sind durchaus zuverlässig. Ihr Verfasser, ein normannischer Ritter, hat den Kreuzzug selbst mitgemacht. Er schloss sich 1096 zu Amalfi Boemund an, bei dem er bis zur Besiegung Kerboghas blieb. Im Sommer 1098 begleitete er Robert von der Normandie und Raimund auf ihrem Zuge gegen Maara und Tripolis[1]). Er befand sich also im Gefolge des Normannenfürsten[2]), dessen Kaplan Arnulf war. Es ist deshalb naheliegend, dass seine Angaben über die Person des letzteren nicht ganz unparteiisch sind.

Raimund von Agiles war ebenfalls Augenzeuge. Sybel[3]) sagt von ihm: „Höchst zuverlässig ist er über einzelne Thatsachen, die er in ihrem strengsten Gehalt anführt. Er hat ein reiches Detail und nirgendwo eine Anekdote. Nur einzelnstehende an sich unbedeutende Dinge wüsste ich anzugeben, bei denen man von ihm abzuweichen genötigt wäre. Andererseits hat er über die wichtigsten Vorgänge ganz ausschliessliche Notizen und muss den übrigen Berichterstattern als leitende Quelle dienen." Leider war sein Verhältnis zu Arnulf so, dass wir auch ihn nicht für unbefangen halten können. Arnulf hatte durch seine Zweifel an der Echtheit der heiligen Lanze alle Provençalen und ganz besonders Raimund gegen sich eingenommen. Wir müssen infolgedessen seinen Angaben über Arnulf mit einem gewissen Misstrauen begegnen. Da jedoch, wo dieselben durch andere glaubwürdige Quellen bestätigt werden, dürfen wir an ihrer Wahrheit nicht zweifeln.

Das Buch des Abtes Guibert von Nogent ist 1108 oder 1109 begonnen und in keinem Falle vor 1110 fertig geworden[4]). Er compiliert die Gesta, hat aber auch Verbindungen über ganz Frankreich, so mit Robert von Flandern und dem Erzbischof Manasse von Rheims, denen er mehrere wertvolle Nachrichten verdankt[5]). Er ist also wohl in der Lage, uns über die Ereignisse in Jerusalem Mitteilungen machen zu können. Seine Angaben über das Patriarchat sind denn auch

---

[1]) Sybel p. 22 ff.
[2]) Gesta III. 156.
[3]) Sybel p. 17.
[4]) Sybel p. 35.
[5]) Sybel p. 110.

fast durchweg brauchbar. Falsch giebt er nur an, dass Daibert durch Paschalis II. abgesandt wurde.

Wilhelm von Tyrus folgt in seiner Darstellung des ersten [Kreuzzuges bis zur Eroberung Jerusalems meistens Albert. Seine Angaben sind bis dahin ebenso wie die Alberts nur in beschränktem Masse zu verwerten[1]). Die Nachrichten über den Klerus, die Erhebung Arnulfs und die Schlacht bei Askalon hat er aus Raimund. Dann benutzt er grösstenteils Fulcher[2]).

Daneben finden sich jedoch auch viele auf eigener Forschung beruhende Angaben, besonders über die Streitigkeiten zwischen dem Könige und dem Patriarchen. Der Erzbischof sagt mit Bezug hierauf: „Nec pro crassa et supina nostra ducenda est ignorantia, cum quolibet mortalium amplius harum rerum veritatem diligenter investigaverimus, ad hoc specialiter et studiose, ut ea praesenti scripto mandaremus, sicuti in nostro longe ante fuerat proposito." (I. 389). Diese Bemerkung ist keineswegs eine blosse Redensart. Der Verlauf seiner Darstellung zeigt, dass seine Nachrichten über das Patriarchat nur mit wenigen Ausnahmen, die wir gelegentlich erwähnen werden, richtig sind.

Fulcher hat den ersten Kreuzzug selbst mitgemacht. Die Bedeutung seines Buches beginnt jedoch erst von der Abreise Balduins von Edessa nach Jerusalem[3]). Seine Stellung zu Arnulf und Daibert ist vollkommen unparteiisch, und gerade deshalb besitzen seine wenigen Angaben über das Verhältnis des Patriarchen zum Könige besonderen Wert. Dieser wird noch erhöht dadurch, dass er die Nachrichten ohne Zusammenhang unter einander bringt und dass infolgedessen eine tendenziöse Darstellung ausgeschlossen ist. Trotzdem seine Berichte über ihm ferner liegende Ereignisse oft verwirrt und ungenau sind, so halten wir ihn doch sehr wohl für befähigt, uns über die Vorgänge bei der Königs- und Patriarchenwahl Aufschluss geben zu können. Er war mit Balduin 1099 zum Weihnachtsfeste in Jerusalem und

---

[1]) Sybel p. 111.
[2]) Sybel l. c.
[3]) Sybel p. 48.

nahm auch an der Versammlung teil, in welcher Daibert gewählt wurde [1]). Hier kam unzweifelhaft das Verhältnis zur Sprache, in welchem Arnulf zur Kirche stand. Aus den Verhandlungen musste er erfahren, ob die Fürsten Arnulf damals zum Patriarchen gewählt oder nicht. Nun kann man allerdings annehmen, dass Fulcher aus Abneigung gegen kirchliche Händel die Absetzung Arnulfs, ja vielleicht auch seine Einsetzung verschwiegen habe, wie er dies auch später bei der Wahl Evremars, Gibelins und auch Arnulfs thut, er hätte dann aber nicht das Gegenteil versichert. Auch der Bericht Alberts verdient hier Beachtung, trotzdem viele Angaben dieses Autors, besonders aber seine Darstellung der Streitigkeiten zwischen dem König und dem Patriarchen von zweifelhaftem Werte sind. Albert hat die Beschreibung des Jerusalemer Tempels und die Nachricht über die Schlacht bei Askalon von Augenzeugen [2]). Kugler [3]) nimmt sogar an, dass der Verfasser des Originals, das Albert nur kompiliert habe, ein lothringischer Geistlicher gewesen sei, der den Kreuzzug selbst mitgemacht habe und dann im Königreich Jerusalem, wahrscheinlich in der Hauptstadt selbst, zurückgeblieben sei. Die Aufzeichnung der Ereignisse sei gleichzeitig oder doch unmittelbar nachher erfolgt. Wenn sich in seinem Werke viel Unrichtiges findet, so dürfen wir nicht vergessen, dass sich ein einzelnes Ereignis viel eher richtig wiedergeben lässt, als ein Marsch oder die Vorgänge in einer Schlacht. Nach der Eroberung Jerusalems aber conzentrierte sich die Aufmerksamkeit aller auf die Königs- und Patriarchenwahl; und wenn auch vielen die Vorgänge hierbei verborgen blieben, so hat doch gewiss jeder Pilger die vollendete Thatsache gekannt. Eine Wahl Arnulfs zum Patriarchen hätte Albert gewiss berichtet, da er diesen ebenso begünstigt, als er Daiberts Gegner ist. Zudem werden seine Angaben hier durch die Zeugnisse anderer Quellen, deren Glaubwürdigkeit sich schwer anzweifeln lässt, bestätigt [4]).

---

[1]) Fulcher III. 366.
[2]) Alb. Aq. lib. VI. c. 24 u. 50.
[3]) Kugler, Albert von Aachen p. 416 u. f.
[4]) Auch Sybel p. 425 giebt zu, dass Albert sich in diesen Teilen seines Buches ziemlich genau an das geschichtliche Factum hält.

Die gesta expugnentium Hierusalem des Bartholf de Nangeio sind eine Kompilation Fulchers. Ihre Angaben in Bezug auf das Patriarchat sind durchgängig richtig: So der Bericht über Daiberts Aufenthalt in Laodicea, seine Wahl, seine Opposition gegen Balduin, ihre Versöhnung zu Weihnachten 1100, Daiberts Absetzung durch den Legaten Robert, dessen Wiedereinsetzung durch Paschalis II. und endlich die Wahl Evremars. Wir haben deshalb keinen Grund, die Richtigkeit seiner Angaben über die ersten kirchlichen Einrichtungen zu bezweifeln.

Entscheidend für die Beurteilung dieser Frage ist ein Brief des Papstes Paschalis II. an die pisanischen Konsuln vom Jahre 1100[1]). Der Papst nennt in demselben Arnulf „reprobum hominem, qui per simoniae labem in Hierosolymitanam sedem intrudere sese praesumebat."

Fassen wir alle diese Angaben zusammen, so kommen wir zu folgendem Resultat: Bei Regelung der kirchlichen Verhältnisse berieten die Fürsten auch über die Wahl eines lateinischen Patriarchen. Da eine geeignete Persönlichkeit für dieses wichtige Amt nicht vorhanden war, sahen sie von einer Wahl ab. Zum Verweser der Jerusalemer Kirche wurde inzwischen Arnulf ernannt[2]). Doch damit war weder dessen Partei noch das Volk zufrieden, das Arnulf durch seine Beredsamkeit und durch sein entschiedenes Auftreten gegen Tancred gewonnen hatte. Zudem wurde es von dem Bischof von Matera gegen die Fürsten aufgehetzt. Auf dessen Veranlassung riefen die Anhänger Arnulfs diesen zum Patriarchen aus, während alle besseren Elemente sich fernhielten[3]).

Auch die folgenden Gründe sprechen dafür, dass Arnulf nicht auf rechtmässige Weise das Patriarchat erlangt habe: Es ist nicht wahrscheinlich, dass die Fürsten Arnulf, der an

---

[1]) Jaffé ed. II. Nro. 5857; bei Flaminio dal Borgo, raccolta di scelti diplomi Pisani. Pisa 1765 p. 83; Riant, Inventaire des lettres histor de crois. Archives de l'orient latin I. p. 218.

[2]) Barth. Alb. l. l. c. c.; Order. Vit. III. 612 Tunc Arnolfus de Zocris, vir eruditissimus, ad vices episcopi supplendas electus est.

[3]) Ein unbekannter Autor erzählt uns in einem Fragment bei Duchesne p. 39, dass Arnulf die ihm angebotene Patriarchenwürde ausgeschlagen habe.

der Spitze des opponierenden Klerus stand, die einflussreiche Würde des Patriarchen übertragen haben sollten, zumal Raimund und Tancred seine Gegner waren. Erst Daibert werden die Besitzungen zugewiesen, welche der griechische Patriarch innegehabt hatte. Hätten die Fürsten Arnulf zum Patriarchen gewählt, so hätten sie auch schon damals dem von ihnen Gewählten die Einkünfte seines Amtes übertragen, wie dies gegenüber den Chorherren und den Mönchen geschieht. Endlich macht Arnulf keinen Versuch, das ihm entrissene Patriarchat wiederzugewinnen, wie dies Daibert, Evremar und später auch er selbst thut. Da er die Wahlen stets beherrschte und jedesmal Männer auf den Patriarchenstuhl brachte, die ihm geeignet erschienen, wäre es ihm bei der öfteren Erledigung desselben leicht geworden, sich selbst diese Würde zu verschaffen, zumal sich niemand bereit zeigte, das schwierige Amt zu übernehmen. Er trat vielmehr erst dann als Bewerber auf, als seine Vorgänger alle Schwierigkeiten ihrer Stellung beseitigt hatten.

Kugler und nach ihm Kühn[1]) folgen in ihrer Darstellung Albert von Aachen und ignorieren die Angaben der Gesten und Raimunds. Und doch können die beiden zuverlässigsten Augenzeugen bei der Beurteilung dieser Vorgänge nicht ausser Betracht bleiben. Ich halte die Angaben Raimunds über die Wahl für durchaus richtig, denn sie werden durch den erwähnten Brief des Papstes bestätigt. Aus diesem geht hervor, dass Arnulf in der That das Patriarchat, wenn auch auf unrechtmässige Weise, innegehabt hat. Kugler (op. c. p. 285) glaubt allerdings, dass die Ausdrucksweise des Papstes auf einer schiefen Darstellung der Händel zwischen Arnulf und Daibert im Beginn von Daiberts Patriarchat beruhe. Ich kann mich dieser Auffassung nicht anschliessen, denn der Bericht Raimunds und der Brief des Papstes bestätigen sich gegenseitig.

Mit der Raimund'schen Darstellung lässt sich auch die Angabe der Gesten, dass Arnulf zum Patriarchen gewählt worden sei, ohne Schwierigkeit vereinbaren. Ihr Verfasser, ein Normanne, stand Arnulf nahe, und er mag nebst vielen

---

[1]) Kugler, Albert von Aachen p. 228; Kühn p. 15 u. f.

anderen dessen Wahl für rechtmässig gehalten, sich vielleicht sogar daran beteiligt haben.

Dass Albert von Aachen die unrechtmässige Erhebung Arnulfs verschweigt, ist nicht befremdlich. Albert verficht in seiner Chronik nicht nur die Sache des Erzdiacons, sondern noch mehr die der lothringischen Fürsten. Die Wahl Arnulfs war aber im Gegensatz zu Gottfried und den anderen Fürsten erfolgt, so dass sie Alberts Billigung nicht finden konnte. Andererseits wollte er über Arnulf nichts Ungünstiges berichten, und so begnügte er sich mit der Erzählung der Ereignisse, so weit ihre Rechtmässigkeit nicht in Frage kam.

Bald nach seiner Erhebung begann Arnulf Nachforschungen nach dem heiligen Kreuze anzustellen[1]). Nach mehrfachen vergeblichen Erkundigungen gelang es, dasselbe in einer Kirche, wo es vergraben war, aufzufinden[2]). Es war aus einem Stück des Kreuzes hergestellt, an welchem Christus gestorben, in silberner und goldener Einfassung. In feierlicher Prozession wurde die kostbare Reliquie in die Kirche des heiligen Grabes getragen[3]).

Im Anfange des August erhielt Gottfried die Nachricht von dem Anzuge eines feindlichen Heeres. Als er demselben entgegenzog, begleitete ihn Arnulf und der Bischof von Matera. Letzterer wurde nach Jerusalem zurückgesandt, um Raimund und Robert von der Normandie, welche daselbst zurückgeblieben waren, aufzufordern, mit ihren Scharen möglichst bald zu folgen. Als der Bischof nach der Ausführung seines Auftrages wieder in das Lager Gottfrieds zurückkehren wollte, fiel er den herumstreifenden Türken in die Hände und blieb seitdem verschollen.

Die Fürsten vereinigten sich an einem Flusse in der Nähe von Askalon. Arnulf liess am Tage vor der Schlacht durch das ganze Heer verkünden, dass jeder aus der Gemeinschaft der Kirche ausgeschlossen werden solle, der vor vollständiger Besiegung der Feinde auf Beute ausgehe.

---

[1]) Ich folge auch hierbei Raimund, während Kugler und Kühn l. l. c. c. nach Albert die Auffindung des Kreuzes schon vor den 1. August setzen.

[2]) Nach Raim. III. 302 hätte Arnulf die Syrer mit Gewalt zur **Angabe** des Ortes, wo das Kreuz verborgen war, gezwungen.

[3]) Fulcher III. 361.

Inzwischen beteten in Jerusalem Klerus und Volk unter Leitung des Eremiten Peter für den Sieg des christlichen Heeres.

Am Freitag, den 12. August[1]), wurden die Feinde angegriffen und geschlagen. Die Fahne des Emirs, die Robert von der Normandie erbeutet hatte, wurde Arnulf übergeben, um sie zur Ehre Gottes in der Kirche des heiligen Grabes aufzubewahren[2]).

Nachdem die Hoffnung auf die Besitznahme Askalons durch die Uneinigkeit der Fürsten vereitelt worden war, kehrten alle nach Jerusalem zurück[3]).

Ungefähr um dieselbe Zeit [4]) erschien der Erzbischof Daibert von Pisa mit einer pisanischen Flotte von 120 Schiffen im Hafen von Laodicea[5]). Urban II. hatte ihn zu seinem Legaten ernannt[6]), da er der Bitte der Kreuzfahrer, sich selbst an die Spitze des Heeres zu stellen[7]), nicht nachkommen konnte.

Als die Flotte vor Anker ging, wurde die Stadt eben von Boemund belagert. Als Vorwand für seinen Angriff benutzte er die Vertreibung einer normannischen Besatzung aus dieser Stadt[8]). Doch hatte er wenig Aussicht, dieselbe

---

[1]) Gesta III. 163. Raim. III. 307 Hoc bellum actum est pridie idus Augusti, das ist der 12. August, nicht, wie Sepp, Jerusalem 2. Aufl. p. 562 und Sybel p. 424 annehmen, der 14. August. Hierüber s. Hagenmeyer p. 179 Anm. 1.

[2]) Gesta ib. Raim. III. 306.

[3]) Die Bewohner Askalons wollten sich Raimund ergeben und hatten schon dessen Fahne aufgezogen. Da aber Gottfried diese wichtige Stadt Raimund nicht überlassen wollte, zog dieser erbittert ab. Auf die Kunde hiervon verschlossen die Askaloniten Gottfried die Thore. Order. Vit. III. 620. Rad. III. 703.

[4]) Guib. lib. VII. c. 14.

[5]) Gesta triumphalia bei Muratori, script. rer. Ital. VI. p. 99.

[6]) Muratori op. c. VI. p. 168.

[7]) Fulcher III. 351.

[8]) Edgar Etheling hatte Laodicea mit 30 Schiffen angegriffen und erobert, noch während die Christen auf dem Zuge durch Klein-Asien begriffen waren. Auf Edgars Einladung kam Robert von der Normandie in die Stadt und liess bei seinem Abzuge eine Besatzung zurück. Auch Edgar ging mit seiner Flotte in See. Als die zurückgelassene Besatzung sich Uebergriffe erlaubte, wurde sie von den Laodiceern vertrieben. Dies gab Boemund den Vorwand zum Angriff. Sybel p. 431.

bald in seine Gewalt zu bekommen, weil er sie aus Mangel an Schiffen nicht von der Seeseite angreifen konnte. Da kam ihm unerwartete Hilfe von den Pisanern. Boemund gewann dieselben dadurch zur Teilnahme an der Belagerung, dass er die Bewohner Laodicea's beschuldigte, die Kreuzfahrer auf ihrem Zuge angefeindet zu haben[1]). Schon war die Stadt der Uebergabe nahe, als die von Jerusalem in ihre Heimat zurückkehrenden Fürsten in dem nahen Gibellum ankamen. Die Laodiceer schickten aus Furcht, dass die Fürsten sich Boemund anschliessen könnten, Gesandte an Robert von der Normandie und boten ihm ihre Unterwerfung an, wenn er sie von Boemund und den Pisanern befreie[2]).

Die Fürsten nahmen sich der bedrängten Stadt an, da sie Boemund den Besitz derselben missgönnten. Leicht überzeugten sie Daibert von der Ungerechtigkeit des Angriffs. Infolgedessen zog dieser seine Hilfe zurück und nötigte dadurch Boemund, die Belagerung aufzuheben[3]).

In einer Fürstenversammlung gelang es sodann Daibert, die wegen dieses Vorfalls erbitterten Gemüter wieder zu versöhnen.

Es ist wahrscheinlich, dass bei dieser Gelegenheit Daibert und die Fürsten jenen Brief an den Papst schrieben, den Robert von Flandern[4]) noch während des Winters 1099/1100 auf seiner Rückreise nach Rom brachte[5]). Nach kurzem Aufenthalt setzten Robert von der Normandie, Robert von Flandern und Eustach von Boulogne ihre Reise nach Konstantinopel fort[6]).

Raimund und Daibert mit seinen Italienern blieben in Laodicea, während Boemund nach Antiochien ging[7]).

Im November desselben Jahres (1099) schloss sich Daibert Boemund und Balduin an, um mit ihnen nach Jerusalem zu ziehen. Von Valenum (heute Banias) brachen

---

[1]) Alb. Aq. llb. VI. c. 55.
[2]) Alb. Aq. l. c.
[3]) Alb. Aq. l. c.
[4]) Hagenmeyer p. 146. Anm. 14.
[5]) Nach Hagenmeyer war der Verfasser des Briefes der Kaplan Raimund s. Forschungen zur deutschen Geschichte Bd. XIII. p. 400 ff.
[6]) Alb. Aq. lib. VI. c. 60.
[7]) Alb. Aq. lib. VII. c. 6. Bartholf III. 518.

sie in einer Stärke von ungefähr 25000 Mann nach der heiligen Stadt auf, wo sie nach harten Entbehrungen am 21. Dezember ankamen[1]).

Hier besuchten sie zunächst das heilige Grab und die anderen heiligen Orte. Am vierten Tage nach ihrer Ankunft (24. Dezember) begaben sie sich nach Betlehem, um daselbst die Nacht, in welcher Christus geboren, wachend und betend zuzubringen. Nachdem am 25. Dezember die dritte Messe feierlich begangen worden war, verliessen sie um 9 Uhr Betlehem und kehrten nach Jerusalem zurück[2]), wo sie gegen Mittag ankamen[3]).

II. Patriarch Daibert.
(Weihnachten 1099 bis Herbst 1102.)

Nach der Ankunft in Jerusalem war die Regelung der kirchlichen Verhältnisse die Hauptaufgabe aller Gläubigen. Zu diesem Zwecke versammelten sich die Fürsten, der Klerus und das Volk in der Kirche des heiligen Grabes[4]). Zuerst wurde die Wahl Arnulfs für ungültig erklärt[5]). Dann wurde

---

[1]) Fulcher III. 366.

[2]) Fulcher l. c. hora die tertia, missa quoque tertia celebrata Hierosolymam remeavimus.

[3]) Nach Sepp, Jerusalem Bd. I. p. 548 betrug der Weg von Jerusalem nach Betlehem 2 Stunden.

[4]) Fulcher III. 366. Dass dies am Tage der Ankunft in Jerusalem geschehen sei, ist sehr unwahrscheinlich. Die Pilger hatten die Nacht vorher schlaflos zugebracht und waren gewiss von den Anstrengungen der Reise zu sehr erschöpft, um sofort die für Kirche und Reich gleich wichtige Entscheidung zu treffen. Dass diese Angelegenheit aber noch während des Festes selbst geregelt wurde, sagt uns Eccehard c. XX. bei Hagenmeyer p. 199: in ipsis nativitatis Dominicae festis.... Eccehard war 1101 selbst in Jerusalem. Er spricht allerdings an dieser Stelle nur allgemein von der Consecrierung mehrerer Bischöfe, doch ist es zweifellos, dass die bei weitem wichtigere Wahl des Patriarchen zuerst stattgefunden hat und die Weihe der Bischöfe dann von diesem vollzogen wurde. Wir werden demnach als den Tag dieser Versammlung den 26. Dezember annehmen können.

[5]) Guib. lib. VII. c. 14. Wilh. von Tyr. I. 387. Radulf III. 407 lässt Arnulf freiwillig auf seine Würde verzichten; er setzt die Reise Boemunds und Balduins sowie die Wahl Daiberts fälschlich auf Ostern 1100. In der Folge finden wir Arnulf als Erzdiacon der Jerusalemer Kirche.

nach langer Beratung der Erzbischof Daibert von Pisa zum Patriarchen von Jerusalem gewählt[1]) und vom Bischof Robert von Rama geweiht[2]). Hierauf nahmen Gottfried und Boemund ihre Staaten von dem neu gewählten Patriarchen zu Lehen, weil sie glaubten, dadurch Christus zu ehren, dessen Stellvertreter auf Erden der Patriarch sei[3]).

Nach vollzogener Wahl wurden dem Patriarchen auch die Güter zugewiesen, welche sein griechischer Vorgänger innegehabt hatte, nebst vielen anderen Einkünften, damit er einen seiner Würde angemessenen Haushalt führen könnte[4]).

Noch während des Festes[5]) weihte sodann Daibert vier Bischöfe für die christlichen Kirchen in Syrien und zwar Roger von Tharsus, Bartholomäus von Mamistra, Bernhard von Artasium und Benedict von Edessa[6]).

Daibert, Daimbert, auch Dagobert genannt, soll in Pisa geboren worden sein und aus dem berühmten Geschlechte des Lanfranc stammen[7]). Das Jahr seiner Geburt lässt sich auch nicht annähernd bestimmen. Bei Uebernahme des Patriarchats scheint er bereits in vorgerücktem Alter ge-

[1]) Wilh. von Tyr. l. c. Fulcher III. 366.

[2]) Alb. Aq. lib. VII. c. 8.

[3]) Wilh. von Tyr. I. 387. Praedicto ergo viro Dei in sede collocato, tam Dominus dux Godefridus quam Dominus princeps Boamundus, hic regni, ille principatus humiliter ab eo susceperunt investituram, ei arbitrantes se honorem impendere, cuius tamquam minister ille in terris vicem gerere credebatur.
Fulcher III. 466. In Jerusalem quoque dux Godefridus et Dominus Boamundus acceperunt terram suam a patriarcha Daiberto propter amorem Dei. Da Boemund während der Regierungszeit Gottfrieds nicht mehr nach Jerusalem gekommen ist, so kann das Lehnsverhältnis nur zu Weihnachten 1099 eingegangen worden sein. Sybel (p. 452) übergeht diesen Vorgang zu Weihnachten ganz und lässt Gottfried erst zu Ostern 1100 Lehnsmann der Jerusalemer Kirche und des Patriarchen werden.

[4]) Wilh. v. Tyr. l. c.

[5]) Eccehard l. c.

[6]) Radulf III. 407; historia belli sacri c. 145 bei Mabillon, Museum Italicum I. Nach Kugler, Boemund und Tancred p. 15 beabsichtigte Boemund durch die Weihe der Bischöfe durch Daibert eine Herabwürdigung des Patriarchen von Antiochien.

[7]) Ecclesiae Pisanae historia auctore P. M. Antonio Felice Matthaeio Tom. I. Lucae 1768 p. 180.

wesen zu sein¹). Schon von Jugend auf wurde er für seinen geistlichen Beruf vorgebildet²). Die Diaconatsweihe erhielt er durch den von Heinrich IV. eingesetzten Erzbischof Wezilo von Mainz³). Hieraus geht hervor, dass Daibert eine Zeitlang Anhänger des Kaisers und des Gegenpapstes war. Da Wezilo von 1084 bis 1088⁴) Erzbischof war, so kann er nur in diesen Jahren die Weihe erhalten haben⁵). Später trat er zur kirchlichen Partei über und wurde 1088 von Urban II. selbst zum Bischof geweiht, nachdem er vorher vom Papste noch einmal die Diaconatsweihe erhalten hatte⁶). Daiberts Erhebung erregte bei den strengen Gregorianern Anstoss; Urban sah sich deshalb genötigt, in dem eben erwähnten Briefe seine Handlungsweise zu rechtfertigen⁷).

Albert berichtet, dass Daibert als Legat in Spanien gewesen sei⁸). Hierfür ergab sich nirgends ein Anhaltspunkt. Wenn diese Legation wirklich stattgefunden hat, so kann es nur Ende 1088 oder Anfang 1089 gewesen sein, denn im Jahre 1088 berief Urban II. den früheren Legaten in Spanien,

¹) Wilhelmus Malmesburgensis de gest. reg. Angl. Tom. IV. c. 2 nennt ihn reverendus senio.

²) Matthaeus Paris, historia Anglica ad an. 1100: vir ad plenum eruditus et in agendis ecclesiasticis a puero enutritus.

³) Brief Urbans II. an den Bischof Petrus von Pistoria und den Abt Rusticus von Vallombrosa bei Richter, corpus iuris canonici Bd. I. Gratiani decretum pars II. causa I., quaestio 7 c. 24. Jaffé ed. II. 5383: Daimbertum a Nezelone licet simoniaco, non simoniace eiusdem confessione reperimus in diaconum ordinatum.

⁴) Joannis G. Ch. Scriptores rerum Moguntiarum. Frankfurt a/M. 1722—27 Tom. I. p. 523 u. f. Potthast supplem. p. 353.

⁵) Ein Schluss auf sein Alter lässt sich aus der Diaconatsweihe mit Sicherheit nicht ziehen, da das Alter für den Empfang derselben erst 1089 durch Synodalbeschluss bestimmt wurde. Zudem ist Daibert damals gewiss schon älter als 24 oder 25 Jahre gewesen, da er nur wenig später Bischof wurde.

⁶) Erster Teil des oben citierten Briefes bei Mansi Tom. XX. p. 664: Scripsistis nobis maximum apud vos scandalum emersisse, quo Pisanum episcopum, consecraverimus, quod a Guczelone haeretico diaconus fuerat ordinatus . . . . Die Fortsetzung dieses Briefes findet sich bei Gratian l. c. Nos igitur Daimbertum ab haereticis corpore et spiritu digressum atque utilitatibus (ecclesiae necessitate ingruente) diaconum constituimus.

⁷) Derselbe Brief.

⁸) Alb. Aq. lib. VII. c. 7.

den Abt Richard von Marseille, ab[1]), und schon Ende 1089 sandte er den Kardinalpriester Reinerius von S. Clemente dahin[2]).

Bald nach seiner Erhebung zum Bischof machte sich Daibert um die Entwickelung der pisanischen Freiheit durch den Erlass einer Friedensurkunde verdient[3]).

Am 28. Juni 1091 übertrug auf Bitten der Markgräfin Mathilde Urban ihm und den Pisanern wegen ihrer Verdienste um die Kirche die Insel Corsica gegen einen jährlichen Zins[4]).

Den 21. April 1092 machte Urban Daibert zum Erzbischof von Pisa und unterstellte ihm die Bischöfe von Corsica. Zugleich verlieh er ihm das Pallium und ernannte ihn zum geborenen Legaten (Legatus natus) für Sardinien[5]).

Als solcher hielt Daibert zu Turres auf Sardinien eine Synode, auf welcher der iudex oder regulus Torquitor in den Bann gethan wurde[6]).

Infolge dieser Gunstbezeugungen erwarb sich der Papst an Daibert einen Freund, der ihm in jeder Lebenslage treu blieb. So finden wir Daibert im Winter 1093/94 bei Urban in dessen unglücklichsten Stunden. Der Papst hielt sich damals im Hause des Johannes Frangipani verborgen[7]). Ob Daibert bis zum Herbst des Jahres 1094 bei Urban blieb, wissen wir nicht. Sicher ist, dass Urban den 10. Oktober 1094 in Pisa war, wo er die Gastfreundschaft Daiberts genoss[8]). Im Anfange des nächsten Jahres begab sich der

---

[1]) Aguirre, collectio maxima conciliorum omnium Hispaniae et novi orbis. Romae 1694. Tom. III. 293.

[2]) Jaffé ed. II. sub an. 1089.

[3]) Bei Bonaini statuti inediti Tom. I. 16.

[4]) Ughelli, Italia sacra Tom. III. 369. Tronci, Memorie di Pisa p. 31. Dal Borgo, Raccolta di diplomi Pisani p. 270.

[5]) Dal Borgo p. 198. Tronci p. 32 Ughelli It., sacra l. c.

[6]) Mansi XX p. 717 und nach ihm Grünhagen in seiner Vita Urbani II. führt dieses Concil unter dem Jahre 1089 auf, jedoch mit Unrecht. Dasselbe kann vor 1092 nicht stattgefunden haben, da Daibert, als er dieses Concil abhielt, schon Erzbischof war.

[7]) Epistola Goffridi Vindocinensis abbatis ad Paschalem II. bei Baronius, annales ecclesiastici cum critice Pagii ad an. 1094. XVIII. p. 2.

[8]) Jaffé sub an. 1094. Oktober 10.

Erzbischof mit dem Papste nach Placentia¹). Dann begleitete er Urban auf seiner Reise durch Frankreich, von der er erst in der zweiten Hälfte des Jahres 1096 zurückkehrte²).

Als 1098 die Nachricht von dem Tode des päpstlichen Legaten, des Erzbischofs Adhemar von Puy, nach Rom kam, ernannte der Papst den Erzbischof Daibert zu seinem Legaten³). So finden wir ihn nach längeren Kämpfen auf den jonischen Inseln im Sommer 1099 in Laodicea wieder⁴).

Albert von Aachen⁵) berichtet uns, dass Daibert mehr durch Bestechung als durch die Liebe des Volkes das Patriarchat erlangt habe. Balduin und Boemund, die Genossen seiner Reise, habe er durch die aus Spanien mitgebrachten Schätze bestochen. Gottfried habe er durch einen goldenen Widder gewonnen, den er vom Könige Alfons für den Papst Urban erhalten, aber unterschlagen habe. Diese Erzählung Alberts bedarf keiner Widerlegung.

Die hervorragende Stellung Daiberts musste es den Fürsten wünschenswert erscheinen lassen, diesen Mann für das Patriarchat zu gewinnen. Er war erfahren in der Leitung einer grösseren Diöcese, und sein Einfluss in Rom musste für die Ordnung der kirchlichen Verhältnisse des Orients von grösster Bedeutung sein.

Mehr noch als die kirchlichen werden politische Gründe bei seiner Wahl mitgewirkt haben. Die geringen Streitkräfte und der gänzliche Mangel einer Flotte legten es den Fürsten nahe, sich die Hilfe des mächtigen Pisa und des damals mit diesem befreundeten Genua für ihre ferneren Unternehmungen zu sichern. Die Handelsinteressen Pisas und Genuas mussten einen regen Verkehr zwischen Palästina und den italienischen Städten herbeiführen, der dem jungen Reiche ausser dem Aufschwunge seines Handels einen steten

---

¹) Daibert unterschrieb die Urkunde für das Kloster S. Aegidii bei Mansi XX. 808; Baluzii Miscellanea II. 177.

²) Jaffé sub an. 1096. September 19. war Urban und zweifellos auch sein Begleiter in Pavia. Ueber die Reise durch Frankreich s. Mabillon et Ruinart, vita Urbani II. p. 193 ff.

³) Muratori script. VI. 168.

⁴) Muratori l. c.

⁵) Alb. Aq. lib. VII. c. 7 ff.

Zufluss von neuen, brauchbaren Kräften bringen würde. Ihre Absicht erreichten sie, wenn sie Daibert, dem Pisa so viel verdankte, an das heilige Land fesselten[1]). Sie wurden auch in ihren Voraussetzungen nicht getäuscht, denn die Pisaner bauten das verwüstete Jerusalem wieder auf[2]), und durch ihre und der Genuesen Hilfe konnten 1101 Arsuf und Caesarea erobert werden[3]).

Kugler[4]) nimmt an, dass Boemund die Wahl Daiberts veranlasst habe, um durch denselben die Macht Gottfrieds einzuschränken. Diese Annahme scheint in der That nicht unbegründet. Doch können wir uns der weiteren Vermutung Kuglers, dass Boemund mit Daibert über sein Verhalten auf dem Patriarchenstuhl vorher verhandelt habe, nicht anschliessen[5]). Die unten citierte Stelle rechtfertigt die Annahme Kuglers nicht. Dieselbe enthält nur einen Hinweis des Patriarchen auf den ihm von Boemund geleisteten Lehnseid. Durch diesen hatte der Fürst dem Patriarchen gegenüber freiwillig Verpflichtungen übernommen, die darin bestanden, diesen mit Rat und That zu unterstützen. In diesem Sinne kann Daibert Boemund wohl seinen Schuldner nennen, da dieser ihm infolge des Lehnseides Gehorsam und Hilfe schuldete. Es ist gar nicht nötig, hierbei an eine Gegenleistung des Patriarchen zu denken[6]). Hierzu kommt die durch Guibert bestätigte Versicherung desselben, dass er ohne sein Wissen und gegen seinen Willen gewählt worden sei[7]).

---

[1]) Bartholf III. 519.
[2]) Muratori script. l. c. p. 99.
[3]) Bartholf III. 527. Alb. Aq. lib. VII. c. 54.
[4]) Kugler, Boemund und Tancred p. 15.
[5]) Kugler op. c. p. 62 Anm. 16 stützt sich hierbei auf die folgende Stelle in dem Briefe Daiberts an Boemund: „Et certe scis ipse, quoniam auxilium tuum consiliumque promiseris, et debitorem te sanctae ecclesiae ac mihi sponte tua feceris." (Wilh. von Tyr. I. 406.)
[6]) Dieselbe Ansicht hat schon Kühn op. c. p. 21 Anm. 5 ausgesprochen.
[7]) Derselbe Brief bei Wilh. von Tyr. I. 405: Scis, fili carissime, quoniam me ignorantem et invitum, bonae tamen ac sanctae intentionis affectu ... rectorem et patriarcham elegeris .... Der Patriarch hätte dies Boemund, der seine Wahl veranlasst hatte, nicht schreiben können, wenn das Gegenteil der Fall gewesen wäre. — Diese Worte Daiberts werden bestätigt durch Guibert lib. VII. c. 14, wenn derselbe auch fälschlich die Initiative bei der Wahl Arnulf zuschreibt: Dictis eius

Aber wir meinen, dass schon in der Erhebung dieses mächtigen Kirchenfürsten, der Urbans stolzeste Triumphe gesehen und mitgefeiert hatte, eine Beschränkung von Gottfrieds Machtstellung lag. Es war vorauszusehen, dass dieser Mann, von dem Geiste seiner Zeit beherrscht, dieselben Rechte von Gottfried fordern werde, die der Papst vom Kaiser beanspruchte. Zudem erlangte der Patriarch ein entschiedenes Uebergewicht dadurch, dass Gottfried und Boemund ihre Staaten von ihm zu Lehen genommen hatten. Dass der Patriarch diesen Akt nicht wie die beiden Fürsten als einen religiösen, sondern als einen politischen auffasste, beweist die oben angeführte Stelle seines Briefes an Boemund.. Es ist naheliegend, dass auch die Anregung hierzu von Boemund ausging. Durch den Lehnseid wurde Gottfried der zweite Mann seines Reiches, während der Normanne jedem Einfluss des Patriarchen durch die Entfernung seines Fürstentums und durch seinen Charakter entzogen war. Denn es ist nicht wahrscheinlich, dass er den dem Patriarchen geleisteten Eid gewissenhafter zu halten gedachte, als den, welchen er dem griechischen Kaiser geschworen.

Wenn Boemund wirklich die Wahl Daiberts herbeigeführt hatte, um durch ihn die Machtstellung Gottfrieds zu beschränken, so sah er seine Absicht sehr bald verwirklicht. Nach der Rückkehr der Fürsten von Antiochien und Edessa in ihre Staaten[1]) nahm der Patriarch die schon zweimal zurückgewiesene Forderung des Klerus auf den Besitz von Jerusalem wieder auf. Ausserdem verlangte er noch die Abtretung von Joppe mit seinen Pertinentien. Wilhelm von Tyrus sagt uns, dass der Patriarch hierbei durch den Einfluss anderer bestimmt worden sei[2]). Wenn dies der Fall

---

(Arnulfs) assensére principes raptumque Archiepiscopum vix eius conniventia requisita in ipsa, cui sedebat cathedra per se ipsos idem principes in ecclesiam evexére. — Kühn p. 21 nimmt nach Albert an, dass sich Daibert um das Patriarchat beworben habe, verwirft aber die Erzählung Alberts von den Bestechungen, durch die Daibert seine Würde erlangt haben sollte.

[1]) Nachdem Menschen und Tiere sich von den Anstrengungen der Reise erholt hatten, zogen Balduin und Boemund an den Jordan. Am 1. Januar 1100 brachen sie in Jericho Palmzweige und traten am folgenden Tage die Rückreise in ihre Staaten an. Fulcher III. 366.

[2]) Wilh. von Tyr. I. 388.

war, so haben wir wohl weniger an Einflüsterungen von seiten Boemunds zu denken, als vielmehr von seiten derjenigen Partei der Geistlichkeit, welche schon früher ein hierarchisches Regiment in Jerusalem verlangt hatte, und an deren Spitze Arnulf stand. Der Umstand, dass dieselben Forderungen schon zweimal von dem Klerus gestellt worden waren, lässt einen Einfluss Boemunds hier ausgeschlossen erscheinen.

Uebrigens wurde der Patriarch schon durch die Verhältnisse selbst auf seine Ansprüche hingewiesen: Der Papst hatte den Kreuzzug in Anregung gebracht; sein Legat war der eigentliche Leiter des Unternehmens. Als Adhemar von Puy gestorben war, ersuchten die Fürsten selbst den Papst um einen anderen Vertreter. Dieser, der Erzbischof Daibert, war zur Zeit der Wahl Gottfrieds nicht in Jerusalem; gleichwohl erhob schon damals der Klerus Einspruch gegen ein weltliches Regiment. Die Forderung der Geistlichkeit wurde allerdings zurückgewiesen, aber wie sehr die von ihr vertretene Ansicht die Gemüter beherrschte, können wir daraus ersehen, dass die Krönung unterblieb und dass Gottfried sich nur als Beschützer und Verteidiger des heiligen Grabes betrachtete. Zudem war der Patriarch, wenn auch nur formell, der Lehnsherr Gottfrieds geworden. Daibert begründete seine Ansprüche durch den Hinweis, dass schon seine griechischen Vorgänger in Jerusalem geherrscht hätten[1]).

Gottfried setzte diesen Forderungen nur geringen Widerstand entgegen; er war ein Kind seiner Zeit und konnte sich den herrschenden Anschauungen nicht entziehen. Es war aber nicht nur die Anschauung des Klerus, sondern auch die der meisten Fürsten und Gottfrieds selbst, dass in der Stadt, in der Christus gelitten und gestorben, kein weltlicher Fürst herrschen dürfe. Die Vorgänge bei der Wahl geben Zeugnis davon. Dazu kam bei Gottfried die Erkenntnis, dass er ohne die Hilfe der italienischen Seestädte kaum imstande sein werde, seine Herrschaft zu behaupten. Nach kurzen Verhandlungen trat er am Feste Mariä Reinigung (2. Februar 1100) in Gegenwart des Klerus und des Volkes den vierten Teil von Joppe an die Kirche des heiligen

---

[1]) Wilh. von Tyr. l. 389.

Grabes ab. Sodann verzichtete er am Osterfeste feierlich auf Jerusalem und den Davidsturm und erklärte sich noch einmal öffentlich zum Lehnsmann des heiligen Grabes und des Patriarchen[1]).

Die abzutretenden Gebiete sollten so lange im Besitz des Reiches bleiben, bis dasselbe durch die Eroberung Babylons oder einiger anderer Städte erweitert worden wäre. Sollte jedoch der Herzog inzwischen ohne einen männlichen Erben sterben, dann habe die Auslieferung der beiden Städte an den Patriarchen sofort zu erfolgen[2]).

Durch die Nachgiebigkeit Gottfrieds war das gute Verhältnis zwischen ihm und Daibert wiederhergestellt. Im Juni 1100 finden wir beide in Joppe, wo sie die Venetianer empfingen und nach Jerusalem führten. Dort kamen sie den 24. Juni an[3]).

Noch während der Anwesenheit der Italiener in der heiligen Stadt fiel Gottfried in eine schwere Krankheit, von der er sich nicht mehr erholte[4]).

Auf seinem Krankenlager liess er den Patriarchen, Arnulf und andere vornehme Kleriker und Laien zu sich rufen. Er forderte sie auf, noch bei seinen Lebzeiten über seinen Nachfolger zu beraten. Diese lehnten das jedoch ab und erklärten, dass sie den anerkennen würden, welchen er

---
[1]) Wie wir oben gesehen, hatten Gottfried und Boemund schon zu Weihnachten 1099 ihre Staaten als Lehen der Kirche erklärt, wie Fulcher sagt „ob amorem Dei". Wir müssen diesen Akt als einen rein religiösen ansehen; die beiden Fürsten beabsichtigten wohl nichts anderes, als ihre Staaten dadurch dem Schutze Gottes anzuvertrauen, dessen Grab sie verteidigten. Diese Demut Gottfrieds veranlasste den Patriarchen aber, seine Forderungen zu steigern, und er ruhte nicht eher, bis Gottfried zu Ostern faktisch sein Lehnsmann wurde.
[2]) Brief des Patriarchen an Boemund bei Wilh. von Tyr. I. 405. Röhricht, Regesta Regni Hieros. Nro. 32. — Albert, der den Streit Daiberts mit Balduin sehr ausführlich erzählt, erwähnt die Forderung des Patriarchen und die hierauf erfolgte Abtretung von Jerusalem und Joppe an die Kirche des heiligen Grabes gar nicht, sodass der nun folgende Streit in einem ganz anderen Lichte erscheinen muss.
[3]) Translatio S. Nicolai bei Hagenmeyer op. cit. p. 377.
[4]) Nach Albert lib. VII. c. 18 kam Gottfried schon krank nach Joppe und liess sich von hier wegen des Schiffslärmes nach Jerusalem bringen. Die Translatio erwähnt davon nichts; sie lässt Gottfried erst dann krank sein, als die Venetianer Jerusalem wieder verlassen.

der Herrschaft für würdig hielte. Gottfried brachte hierauf seinen Bruder in Vorschlag, der auch einstimmig anerkannt wurde, da er alle Eigenschaften besass, welche ihn zum Herrscher befähigten[1]).

Dem Patriarchen bestätigte er nochmals die Abtretung Jerusalems und Joppes und befahl, dass die Uebergabe der beiden Städte sofort nach seinem Tode erfolgen solle[2]).

Nach Kugler, Albert von Aachen p. 262, leidet das eben Erzählte an einem inneren Widerspruch, der darin bestehen soll, dass Gottfried sowohl seinen Bruder Balduin als auch den Patriarchen zu seinem Nachfolger bestimmt habe. Ich kann darin ebensowenig wie Kühn p. 65 einen Widerspruch finden. Gottfried hatte schon zu Ostern auf Jerusalem und Joppe verzichtet; damals hatte er noch den Vorbehalt gemacht, dass die beiden Städte so lange in seinem Besitz bleiben sollten, bis das Reich durch zwei andere Städte vergrössert sein würde. Diesen Vorbehalt liess er jetzt fallen, um den Patriarchen und seine Partei zur Anerkennung seines Bruders zu veranlassen. Der bedingungslose Verzicht auf die beiden Städte war der Preis für die Anerkennung Balduins. Die Verhandlungen zwischen Gottfried und dem Patriarchen haben stattgefunden „in lecto aegritudinis; de qua mortuus est." Hieraus schliesst Kugler l. c., dass der Patriarch am Todestage Gottfrieds in Jerusalem anwesend gewesen sei. Da aber nach Albert und der Translatio der Patriarch sich beim Heere vor Caipha befand, so sei die Angabe Wilhelms unrichtig und der ganze Brief eine Fälschung. Die oben angeführte Stelle des Briefes sagt aber doch nur, dass der Patriarch am Krankenlager Gottfrieds erschien, von dem dieser nicht mehr aufstehen sollte. Es ist durchaus nicht nötig, dass dies unmittelbar vor Gottfrieds Tode geschehen sei. Es ist vielmehr anzunehmen, dass dieser Vorgang sich zugetragen habe, bevor Daibert mit den Venetianern die Stadt verliess. Einen Widerspruch mit Albert und der Translatio und damit einen Beweis für die Unechtheit des Briefes vermögen wir hierin nicht zu finden.

---

[1]) Radulf III. 705. Alb. Aq. lib. VII. c. 27.

[2]) Historia belli sacri c. 137 und der Brief Daiberts an Boemund, Wilh. von Tyr. I. 405.

Nachdem die Nachfolge im Reiche geregelt war, begleitete der Patriarch die Venetianer nach Joppe, wo die zwischen diesen und Gottfried geschlossenen Verträge noch einmal bestätigt wurden. Zunächst sollte Akkon angegriffen werden. Das fränkische Heer, geführt von dem Patriarchen und Tancred, zog an der Küste entlang; die Flotte sollte nach drei Tagen folgen. Während dieser Zeit traf die Nachricht von Gottfrieds Tod in Joppe ein. Derselbe war am 18. Juli 1100 seiner Krankheit erlegen [1]).

Die Venetianer sandten sofort drei Schiffe zu Daibert und Tancred, um ihnen die traurige Kunde zu melden und anzufragen, was bei dieser plötzlich veränderten Lage zu thun sei [2]). Tancred machte den Vorschlag, anstatt des festen Akkon Caipha anzugreifen, das er schon längere Zeit von Bezan aus bedrängte [3]).

Die Flotte folgte also dem Landheere und fand dasselbe auf den Höhen vor Caipha. Um die Stadt, wenn möglich, ohne Blutvergiessen zu gewinnen, versprach der Patriarch den Bewohnern derselben, sie im Besitz ihres Eigentums zu lassen, wenn sie zum Christentum überträten. Diese Forderung wurde jedoch abgelehnt. Man eröffnete deshalb die Belagerung und eroberte die Stadt nach tapferer Gegenwehr. Der Patriarch befand sich während der Belagerung beim Heere [4]).

Nach Kugler, A. v. A., ist die Abwesenheit des Patriarchen von Jerusalem unmittelbar nach Gottfrieds Tode ein Beweis dafür, dass ihm der Besitz von Jerusalem nicht zugesprochen worden sei; andernfalls hätte sich der Patriarch in dieser kritischen Zeit in Jerusalem aufgehalten oder wäre wenigstens sofort nach Gottfrieds Tode dahin geeilt, um sein Erbe anzutreten. Der Brief, in welchem von diesem Vermächtnis geredet wird, müsse demnach gefälscht sein. Doch ab-

---

[1]) Fulcher III. 370, Wilh. von Tyr. I. 399. Sepp op. c. p. 542 lässt Gottfried fälschlich den 27. August 1100 sterben. Ueber den Tod Gottfrieds s. Hagenmeyer op. c. p. 201 Anm. 19. Kugler A. v. A. p. 254 ff. Nach Röhricht. Königr. Jerusalem p. 1 starb Gottfried an der Lagerseuche.
[2]) Translatio S. N. Hagenmeyer p. 380.
[3]) Radulf III. 703. historia belli sacri c. 134.
[4]) Translatio S. N. Hagenmeyer p. 382. Alb. Aq. lib. VIII. c. 27.

gesehen davon, dass nach Kugler selbst (op. c. p. 281) das Verschweigen einer Thatsache noch kein Beweis dafür ist, dass dieselbe nicht stattgefunden habe, ist die Abwesenheit des Patriarchen von Jerusalem nicht unerklärlich. Einmal konnte er das ihm von Gottfried auf dem Sterbebett „coram multis et probatis testibus" gegebene feierliche Versprechen als eine genügende Bürgschaft für seine Ansprüche ansehen; sodann ist es zweifellos, dass der Patriarch von den Absichten und Vorkehrungen der lothringischen Partei genau unterrichtet war. Es musste ihm klar sein, dass sein blosses Erscheinen in Jerusalem seine Gegner nicht vermocht hätte, ihm Jerusalem zu übergeben, wenn er sich nicht auf eine genügende Macht stützen konnte. Aus diesem Grunde mag es Daibert für geratener gehalten haben, sich zunächst des Beistandes Tancreds zu versichern. Um diesen zu gewinnen, unterstützte er dessen Ansprüche auf Caipha. (A. Aq. l. c.)

Sofort nach Gottfrieds' Tode hatte die lothringische Partei in Jerusalem alle Vorkehrungen getroffen, um entgegen den letzten Verfügungen des Herzogs den Besitz dieser Stadt Balduin zu sichern. So hatte Werner von Greis, ein Verwandter Gottfrieds, den Davidsturm gegen etwaige Angriffe befestigt. Der Bischof Robert von Ramlah und einige Ritter wurden mit der Aufforderung an Balduin gesandt, möglichst bald die Erbschaft seines Bruders anzutreten, damit ihm nicht ein anderer zuvorkäme.

Der Erzdiakon Arnulf gehörte zu den Anhängern Balduins, und besonders sein Rat bestimmte das Vorgehen gegen Daibert[1]).

Als der Patriarch, gestützt auf die Macht Tancreds, seine Ansprüche geltend machte, weigerte sich die Partei Balduins, den letzten Willen des Herzogs auszuführen. Allerdings starb schon vier Tage nach Gottfrieds Tode Werner von Greis, das Haupt dieser Partei, doch blieben seine Anhänger gegen alle Vorstellungen Daiberts unempfindlich[2]). Dieser sah alle seine Hoffnungen in dem Augenblicke vereitelt, als er glaubte, sein Ziel schon erreicht zu haben. Er wusste, dass Balduin herbeigerufen war, und wenn es ihm

---

[1]) Wilh. von Tyr. I. 404. Alb. Aq. lib. VII. c. 30.
[2]) Wilh. von Tyr. l. c.

nicht gelang, die Stadt vor dessen Ankunft in seinen Besitz zu bringen, so waren seine Rechte auf dieselbe gegenstandslos. Er veranlasste daher Tancred zu einem Zuge gegen Jerusalem. Der Fürst fand jedoch die Thore verschlossen, und da er zu einem Sturme zu schwach war, zog er wieder ab. Ebensowenig glückte es ihm, sich Joppes, der anderen dem Patriarchen zugesprochenen Stadt, zu bemächtigen [1]).

Der Versuch Daiberts, sich in den Besitz Jerusalems und Joppes zu setzen, war somit gescheitert; es blieb ihm nur noch ein Mittel, die heilige Stadt für sich zu retten: er musste auf jede Weise zu verhindern suchen, dass Balduin nach Jerusalem komme. Um dies zu erreichen, wandte er sich an Boemund, der seine Wahl veranlasst und ihm den Lehnseid geleistet hatte. Er durfte bei diesem Fürsten um so eher ein Eingehen auf seine Wünsche erwarten, da es in dessen Interesse lag, eine Schwächung der lothringischen Macht herbeizuführen [2]). Dies geschah, wenn Jerusalem in den Besitz Daiberts überging. Dadurch sank der künftige Herrscher Palästinas zu einem Vogt des Patriarchen herab, der auf den Gang der Ereignisse wenig Einfluss gehabt hätte. Um Boemund zur Hilfe zu bewegen, sandte ihm Daibert durch einen geheimen Boten den schon öfter erwähnten Brief. In diesem bat er den Fürsten flehentlich, Balduin zu ermahnen, das Eigentum der Kirche nicht in Besitz zu nehmen und nicht eher nach Jerusalem zu gehen, bis ihm der Patriarch durch eine Gesandtschaft die Erlaubnis dazu gegeben habe; nötigenfalls solle er ihn mit Gewalt an dem Zuge nach Jerusalem hindern [3]).

Dieser Brief gelangte jedoch nicht in die Hände Boemunds, da dieser kurz vorher in die Gefangenschaft Ibn-Danischmends, des Emirs von Sebaste, geraten war [4]).

---

[1]) Hist. belli sacri c. 138. Alb. Aq. lib. VII. c. 35.
[2]) Kugler, Boemund und Tancred, p. 14 ff.
[3]) Wilh. von Tyr. I. 406: Scribe igitur ad Balduinum litteras, interdicens ei, ne sine licentia nostra et legatione (cum ille tecum in patriarcham et rectorem ecclesiae Hierosolymitanae me elegerit) sanctam ecclesiam devastaturus et res eius occupaturus ullo modo veniat . . . Quod si ille iustitiae resistens rationalibus acquiescere noluerit, per eam quam beato Petro oboedientiam debes, te contestor, ut quibuscumque modis vales, aut etiam, si necesse sit, vi adventum eius impedias.
[4]) Wilh. von Tyr. I. 406; Alb. Aq. lib. VII. c. 27.

Ueber die Echtheit des Briefes ist viel gestritten worden[1]). Wie schon oben gesagt worden, genügen die Bedenken Kuglers nicht, den Brief für unecht zu halten. Dass ein Brief von dem Patriarchen an Boemund geschrieben wurde, steht ausser Zweifel. Ausser Wilhelm von Tyrus berichtet dies auch Albert, der in diesen Dingen fast stets das Gegenteil sagt. Eine einfache Bitte durch einen Boten hätte auch auf Boemund nicht den Eindruck gemacht, den Daibert von seinen eigenen schriftlichen Worten erhoffen konnte. Albert (lib. VII. c. 46) berichtet, dass dieser Brief in die Hände des Königs kam; dies zu bezweifeln haben wir keinen Grund. Dass dieser das wichtige Schreiben vernichtet haben sollte, ist nicht anzunehmen. Da Wilhelm Kanzler des Königreichs war, ist es gar nicht so unwahrscheinlich, dass er den Brief in dem königlichen Archiv gesehen hat. Dies hat schon Kühn p. 62 hervorgehoben. Dieser hat in seinem ersten Exkurs nachgewiesen, dass weder innere noch äussere Gründe vorhanden sind, die die Annahme einer Fälschung rechtfertigten. Es bleiben deshalb nur noch wenige Einwürfe, die eine Widerlegung nötig machen.

So nimmt Prutz[2]) eine Fälschung an, weil auch die von Wilhelm in dem ersten Teile seines Buches (lib. II. c. 2. 10. 14. 18. und III. c. 2) angeführten Briefe unecht sind. Die Unechtheit der erwähnten Briefe ergiebt sich sofort durch einen Vergleich mit Wilhelms Quelle, Albert. Wilhelm hat die Reden, welche Albert die einzelnen Personen halten lässt, in Briefform wiedergegeben. Mit der Eroberung Jerusalems verlässt jedoch der Erzbischof Albert, und schon hier finden wir neben Raimund und Fulcher auch seine eigenen Forschungen. Diese betreffen besonders die Geschichte des Patriarchats, und der Erzbischof versichert, dass er dieselben mit grösster Sorgfalt betrieben habe.

---

[1]) Für die Echtheit treten unter anderen ein: Sybel, Geschichte des ersten Kreuzzeuges p. 450 ff. Hagenmeyer, Ecchardi Hierosolymita p. 214. Riant, Inventaire Nro. 156. Kühn op. c. Exkurs I. p. 59 ff. Dodu, histoire des institutions monarchiques dans le royaume latin de Jerusalem. p. 355. — Für unecht halten ihn: Prutz, Neues Archiv der Gesellschaft für ältere deutsche Geschichtskunde. VIII. p. 130. Kugler, Albert von Aachen p. 248 ff. Wolff, Balduin I. p. 2. Röhricht, Königr. Jerus. p. 7.

[2]) Prutz l. c.

Den Hauptgrund für die Verwerfung des Briefes findet Prutz darin, dass ein Königtum Boemunds (wie er aus dem Schreiben folgert) den hierarchischen Prätensionen des Patriarchen verderblich gewesen wäre. Von einem Königtum Boemunds ist aber in dem Briefe nirgends die Rede. Hätte Daibert die Absicht gehabt, Boemund die Krone anzubieten, so würde er sich ganz offen hierüber ausgesprochen haben. Dies allein schon hätte genügt, den Fürsten zum schleunigsten Aufbruch zu veranlassen. Der Patriarch hätte dann auch gewiss nicht in den flehentlichsten Ausdrücken um Hilfe gebeten und den Fürsten an seine Lehnspflicht erinnert. Endlich wäre in diesem Falle der Vergleich Boemunds mit Robert Guiscard verfehlt: dieser war nicht nach Rom gegangen, um eine Krone zu empfangen, sondern um den bedrängten Papst vor dem Kaiser Heinrich IV. zu retten.

Hagenmeyer (op. c. p. 214 Anm. 22) nimmt an, dass der Patriarch einen weltlichen Fürsten überhaupt nicht neben sich haben wollte. Auch diese Annahme erscheint als unbegründet. In dem erwähnten Briefe ist überall nur von dem Besitz der Kirche, wozu Daibert allerdings Jerusalem und Joppe rechnet, die Rede. An keiner Stelle spricht er vom Reich oder der Herrschaft; er wünscht nur, dass Balduin erst dann nach Jerusalem komme, wenn er sich mit ihm verständigt habe. Das Bestreben des Patriarchen ging offenbar dahin, sich den Besitz von Jerusalem und Joppe zu sichern und einen kleinen Kirchenstaat in Palästina zu errichten. Hierbei wollte er sich der Hilfe der Normannen bedienen, die sich schon öfter als treue Söhne der Kirche gezeigt hatten. Da er aber nicht imstande gewesen wäre, die heiligen Stätten allein gegen die Saracenen zu verteidigen, so sollte Balduin die übrigen Besitzungen der Christen in Palästina als Lehnsmann des Patriarchen erhalten. Freilich wäre seine Stellung eine sehr bescheidene gewesen, und es muss als ein Glück für den Bestand des Reiches angesehen werden, dass der Patriarch seinen Zweck nicht erreichte[1]).

---

[1]) Albert lib. VII. c. 27 erzählt uns die Vorgänge nach Gottfrieds Tode auf folgende Weise: Sobald der Patriarch und Tancred in Caipha den Tod Gottfrieds erfuhren, beschlossen sie, über das Reich nach ihrem Gutdünken zu verfügen. Sie sandten sogleich (haec legatio sine mora directa est) den Geheimschreiber (secretarius) des Patriarchen, mit Namen

Balduin erhielt, wie bereits gesagt, durch Abgesandte des Werner von Greis die Nachricht vom Tode Gottfrieds und die Aufforderung, die Regierung des Reiches zu übernehmen[1]). Auch der päpstliche Legat Mauritius, Kardinalbischof von Porto, der gleich nach Gottfrieds Tode und Boemunds Gefangenschaft mit einer genuesischen Flotte in Laodicea eingetroffen war, forderte Balduin auf, die Krone von Jerusalem anzunehmen. Ebenso wünschte er, dass Tancred die Herrschaft in Antiochien antrete.

Balduin erschien in Laodicea und erklärte sich bereit, das Reich zu übernehmen, wenn die Genuesen sich verpflichteten, ihn bei der Eroberung zweier Städte zu unterstützen[2]). Als er dies erreicht hatte, trat er den Zug nach Jerusalem an, wo er von Klerus und Volk mit grossem Jubel empfangen wurde[3]).

Der Patriarch wohnte der Einzugsfeier nicht bei, da er Balduin wegen der Vereitelung seines Planes grollte. Er hielt sich „sede privatus" auf dem Berge Syon auf, bis er sich mit Balduin wieder versöhnte[4]).

Morellus, mit einem Briefe an Boemund, worin sie ihn aufforderten, sofort mit seinem ganzen Gefolge nach Jerusalem zu kommen, um die Herrschaft anzutreten, ehe ihm ein Verwandter Gottfrieds zuvorkäme. Dieser Brief fiel dem Grafen Raimund von Tripolis in die Hände.

Ob der Patriarch den Brief von Caipha aus geschrieben, lässt sich nicht erweisen. Falsch ist, dass er den Brief sofort abgesandt, nachdem er Gottfrieds Tod erfahren. Wie aus dem Briefe hervorgeht, ist dies erst später geschehen und zwar erst dann, als alle Versuche Daiberts seine Ansprüche durchzusetzen, gescheitert sind. Ebensowenig hat er Boemund die Krone angeboten. Dass der Brief nicht in dessen Hände kam, ist richtig. Falsch dagegen, dass er vom Grafen Raimund aufgefangen wurde. Dieser war schon im Juni auf seiner Reise nach Constantinopel der venetianischen Flotte auf Cypern begegnet. (Translatio S. N. 377.)

1) Wilh. von Tyr. I. 404.
2) Caffarus, annales Genuenses bei Muratori VI. p. 248 und Monum. Germ. XVIII. Ich sehe in dieser Forderung Balduins eine Bestätigung der Angabe des Briefes bezüglich der Abtretung Jerusalems und Joppes. Da diese beiden Städte dem Patriarchen überlassen werden sollten, so war Balduin darauf bedacht, sich mit Hilfe der Genuesen einen Ersatz hierfür zu schaffen.
3) Fulcher III. 378.
4) Fulcher l. c. Nach Kühn p. 32 Anm. 6 lag der Berg Syon ausserhalb der Stadt; die Anhänger Balduins hatten also dem Patriarchen den Einlass in die Stadt verweigert.

Sechs Tage verweilte der Graf in Jerusalem, um sich von den Anstrengungen der Reise zu erholen; dann unternahm er vor seiner Krönung noch einen Zug gegen die Feinde. Zuerst rückte er vor Askalon, wo er vergeblich den Angriff der Saracenen erwartete. Er wandte sich deshalb dem Gebirge zu, welches die Wasserscheide zwischen dem mittelländischen und toten Meere bildet. In den Schluchten desselben hausten zahlreiche Räuberbanden, die er durch List in seine Gewalt brachte. Am 21. Dezember, dem Tage des heiligen Thomas, kehrte er über Hebron wieder nach Jerusalem zurück[1]).

Hier kam durch Vermittelung einiger besonnener Männer eine Aussöhnung zwischen dem Patriarchen und Balduin und einigen ihm feindlich gesinnten Kanonikern, wahrscheinlich Arnulf und seinem Anhang, zustande[2]).

Trotzdem uns jede Angabe über diese Verhandlungen, fehlt, werden wir wohl nicht irren, wenn wir annehmen dass Daibert auf den Besitz von Jerusalem und Joppe vorläufig verzichtet habe. Der Umstand, dass Balduin die Regierung nur dann übernehmen wollte, wenn die Genuesen ihn bei der Eroberung zweier Städte unterstützten, scheint mir darauf hinzuweisen, dass Balduin sich bereit erklärte, Jerusalem und Joppe dem Patriarchen zu überlassen, sobald die Lage des Reiches dies gestatten würde[3]).

Auf dieser Grundlage dürfte die Versöhnung zustande gekommen sein. Das freundschaftliche Verhältnis zwischen der geistlichen und weltlichen Macht fand äusserlich seinen Ausdruck in der Krönung Balduins durch den Patriarchen. Nachdem die zu dieser Feier nötigen Vorkehrungen getroffen worden waren, zog man am 24. Dezember 1100 nach Betlehem, wo am folgenden Tage die Krönung stattfinden sollte.

Am ersten Weihnachtsfeiertage versammelten sich Volk und Klerus, sowie alle Grossen des Reiches in der Kirche der heiligen Maria[4]). Balduin wurde hier noch einmal gefragt,

---

[1]) Fulcher III. 381. Alb. Aq. lib. VII. c. 43.
[2]) Fulcher III. 382. Wilh. von Tyr. I. 413.
[3]) Kühn op. c. p. 33 f. macht darauf aufmerksam, dass sich Balduin in den Urkunden der ersten Regierungsjahre nicht König von Jerusalem, sondern König von Asien und Babylon nannte.
[4]) Fulcher III. 382.

ob er das Reich übernehmen wolle. Als er diese Frage bejaht, erfolgte die Zustimmung aller Stände. Sodann beugte der Graf sein Haupt und widmete sich dem Dienste des heiligen Grabes[1]).

Er versprach feierlich, der Kirche und dem Volke nach Möglichkeit den Frieden zu erhalten, dem Patriarchen die gebührende Ehre zu erweisen und die Kirche im Besitz hrer Rechte zu schützen[2]). Hierauf wurde er vom Patriarchen zum König gesalbt und gekrönt[3]). (25. Dezember 1100.)

Nachdem die Feier vorüber war, kehrten alle nach Jerusalem zurück.

Durch die Aussöhnung zwischen Balduin und Daibert waren jedoch noch nicht alle Schwierigkeiten aus dem Wege geschafft; noch war Balduin nicht der von allen anerkannte Herrscher des Landes. Tancred, der Parteigänger des Patriarchen, verweigerte dem ohne sein Zuthun gewählten König die Anerkennung[4]). Hierüber wäre es fast zum Kampfe gekommen, wenn nicht die Ereignisse in Antiochien eine Versöhnung zwischen beiden Parteien herbeigeführt hätten. Dort war im Sommer 1100 Boemund in die Gefangenschaft Ibn-Danischmends geraten, und die Antiochener forderten Tancred dringend auf, die Herrschaft in Antiochien zu übernehmen[5]). Da Tancred sich auf die Dauer der Macht des Königs nicht gewachsen fühlte, kam er dieser Auf-

---

[1]) Eccehard c. XXI. 5. bei Hagenmeyer p. 216.

[2]) Der Eid, den Balduin vor der Krönung leistete, findet sich bei Rozière Nro. 122.

[3]) Eccehard l. c. lässt die Krönung zu Jerusalem in der Kirche des heiligen Grabes (inclinans caput suum super tumbam dominici sepulchri) stattfinden und sie durch den päpstlichen Legaten vollziehen. (XXI. 6.) Diese Angaben werden durch Fulcher, welcher selbst zugegen war, widerlegt. Die Krönung erfolgte offenbar in Betlehem, weil Balduin die Empfindlichkeit des Patriarchen schonen wollte.

[4]) Nach Bartholf III. 523 und Wilh. von Tyr. I. 413 war der Grund hierfür ein Streit mit Balduin in Tharsus. Die Bewohner dieser Stadt hatten Tancred in ihre Mauern aufgenommen und seine Fahne auf einem Turme aufgepflanzt. Später erschien Balduin mit seinem Gefolge vor der Stadt und wurde von Tancred freundlich empfangen und aufgenommen. Bald darauf nötigte er jedoch Tancred, ihm die Stadt zu überlassen und abzuziehen. (Wilh. von Tyr. I. 139 ff.; Radulf III. 632 f.)

[5]) Rad. III. 706.

forderung nach, übergab im Monat März Balduin seine Besitzungen Caipha und Tiberias und zog mit seinem Gefolge nach Antiochien, um die Regierung des Fürstentums zu übernehmen[1]). Wohl mag der König eine gewisse Genugthuung empfunden haben, dass er die Schwierigkeiten, die sich ihm bei Uebernahme der Krone entgegengestellt, überwunden hatte, gleichwohl ist es nicht unwahrscheinlich, dass sich in die Siegesfreude, wie Wilhelm von Tyrus (I. p. 413) erzählt, das Bedauern über den Abzug der tapferen Schar Tancreds mischte. Dadurch verlor das junge Königreich einen nicht unbeträchtlichen Teil seiner Verteidiger, deren es so dringend bedurfte.

Während dieser Vorgänge war eine italienische Flotte in Laodicea gelandet. Bei Beginn des Frühlings segelten die Italiener nach Joppe und wurden hier von dem König freudig empfangen. Da das Osterfest bevorstand, zogen sie mit Balduin nach Jerusalem, um das Fest gemeinsam an den heiligen Stätten zu feiern[2]).

Am Ostersonnabend wurden alle aufs äusserste beunruhigt durch das Ausbleiben des heiligen Feuers, welches an diesem Tage die Lampe vor dem heiligen Grabe zu entzünden pflegte. Als das Wunder auch am Morgen des Ostersonntages nicht eintrat, da legte der Patriarch die Insignien seines Amtes ab und bekannte, um Gott zu versöhnen, vor allem Volke seine Sünden. Auch Balduin klagte sich an, dass seine Ungerechtigkeit das Ausbleiben des Feuerwunders veranlasst habe, und wollte ebenfalls seine Würde niederlegen. Nur auf Zureden seiner Freunde stand er davon ab. Als auch diese öffentlichen Demütigungen erfolglos blieben, veranstaltete man eine grosse Prozession, an welcher der König und sein Gefolge mit blossen Füssen teilnahmen. Als sie sich der Kirche des heiligen Grabes näherten, da schimmerte ihnen das Licht der Lampe entgegen, die sich inzwischen entzündet hatte. Gross war der Jubel aller; der Patriarch wurde wieder mit den Insignien seines Amtes be-

---

[1]) Fulcher III. 384.
[2]) Caffarus, An. Gen. bei Muratori VI. 249. Mon. Germ. XVIII. p. 12.

kleidet, und auch Balduin legte die königlichen Gewänder an und setzte die Krone auf sein Haupt[1]).

Albert erzählt uns über die Vorgänge nach Balduins Regierungsantritt und während des Osterfestes folgendes: Balduin hielt nach seiner Krönung in Jerusalem Gericht. Es erschien vor ihm der Ritter Geldemar von Carpenel und klagte wider Tancred, weil dieser das ihm von Gottfried zugesagte Caipha in Besitz genommen habe. Der König liess Tancred vor seinen Richterstuhl fordern. Dieser erklärte jedoch, er wisse nicht, dass Balduin König und Richter sei. Hierauf erfolgte eine zweite und dritte Vorladung. Da wurde Tancred besorgt, und auf den Rat der Seinen bat er um eine Zusammenkunft zwischen Joppe und Arsuf, an dem Flusse, der beide Gebiete scheidet. Der König nahm den Vorschlag an. Die Zusammenkunft, zu welcher der Patriarch Tancred begleitete, ergab kein Resultat. Es wurde deshalb eine neue festgesetzt, die nach vierzehn Tagen in Caipha stattfinden sollte. Inzwischen ging der König nach Jerusalem, der Patriarch und Tancred nach Caipha. Dahin kamen bald darauf Boten aus Antiochia, die Tancred die Gefangenschaft Boemunds meldeten und ihn baten, an dessen Stelle die Regierung des Fürstentums zu übernehmen. Tancred ging gern darauf ein, glaubte aber die Zusammenkunft mit Balduin abwarten zu müssen, um den Anschein von Furcht zu vermeiden.

Am bestimmten Tage kamen die Fürsten zusammen; es fand eine völlige Aussöhnung statt. Tancred übergab dem König seine Besitzungen, jedoch unter dem Vorbehalt, dass sie ihm wieder ausgeliefert würden, wenn er innerhalb eines Jahres und dreier Monate wiederkehrte. Tancred begab sich nach Antiochien, Balduin nach Jerusalem. Unter dem Vorbehalt der Rückgabe verlieh der König Tiberias an Hugo von Falkenberg und Caipha an Geldemar.

Kaum war Tancred abgezogen, so ging Balduin gegen den Patriarchen vor. In Gegenwart des Klerus und des Volkes beschuldigte er Daibert der Treulosigkeit, weil er ihn trotz des Gottfried gegebenen Versprechens von der Herrschaft

---

[1]) Fulcher III. 385 ff.; Bartholf III. 525 f. Ueber die Entstehung des heiligen Feuers s. Wilken, Geschichte der Kreuzzüge. Bd. II. p. 100. Anm. 11.

hätte ausschliessen und diese Boemund zuwenden wollen. Er hätte dies sowohl aus dem Munde seiner Anhänger als auch aus dem Briefe erfahren, den er an Boemund geschrieben. Dieser Streit nahm von Tag zu Tag an Schärfe zu, bis der König endlich, durch die Hartnäckigkeit des Patriarchen aufgebracht, die Entscheidung des Papstes anrief. Paschalis kam den Bitten Balduins und der Jerusalemer Kirche bereitwillig nach. Er sandte Mauritius, Kardinalbischof von Porto, als seinen Legaten nach dem Morgenland, um die Streitigkeiten zu untersuchen. Der Kardinal hielt ein Konzil, das zahlreich besucht war. Vor den versammelten Vätern und Laien, in Gegenwart des Legaten, beschuldigte der König den Patriarchen des Meineids, des Verrates am Reich und des Mordes, da er in dem erwähnten Briefe dem Boemund aufgetragen habe, ihn (Balduin) auf seinem Zuge nach Jerusalem zu töten. Zum Beweise diene jener Brief und das Zeugnis der ganzen Kirche. Wenn er sich nicht genügend verteidigen könnte, dann dürfte er nicht länger Bischof sein. Dem Patriarchen gelang es nicht, sich von allen diesen Anklagen zu reinigen. Auch den Vorwurf, dass er Stücke des heiligen Kreuzes verkauft habe, konnte er nicht widerlegen. Infolgedessen wurden ihm alle Amtshandlungen verboten. Bevor jedoch seine endgültige Absetzung ausgesprochen wurde, erhielt er eine Frist, um, wenn möglich, noch einen Entschuldigungsgrund vorbringen zu können.

Während dieser Vorgänge näherte sich der Monat März seinem Ende, und es kam das Osterfest heran, an welchem das heilige Oel geweiht werden musste. Am Donnerstag vor dem Feste begab sich Mauritius nach dem Oelberg, um die Weihe vorzunehmen, da dem Patriarchen jede Amtshandlung untersagt war. Darüber war Daibert sehr betrübt; er ging zum Könige und bat ihn, die Konsekration vornehmen zu dürfen, um nicht zum Gespötte der fremden Pilger zu werden. Der König blieb ungerührt. Auch die Erinnerung daran, dass der Patriarch ihn gesalbt und gekrönt, war erfolglos. Der Patriarch, mehr und mehr geängstigt, flüsterte endlich dem König in's Ohr, er wolle ihm 300 Byzantiner geben, wenn er ihm die Amtshandlung gestatte. Dieser

Lockung konnte Balduin, der sich gerade in Geldnot befand, nicht widerstehen. Er bat den Legaten, während des Osterfestes den Streit ruhen zu lassen, um den Saracenen keine Freude zu bereiten.

Mauritius gab nach und überreichte seine weisse Kleidung dem Patriarchen, der sodann die Weihe vollzog. Seit diesem Tage waren beide die besten Freunde, die heimlich zusammen die Gaben der Gläubigen an das heilige Grab verprassten. So Albert von Aachen[1]). Fulcher und Wilhelm von Tyrus erwähnen von alledem nichts.

Wir wollen nun mit Benutzung der anderen Quellen die Glaubwürdigkeit dieses Berichtes prüfen.

Dass der König Tancred vor sein Gericht geladen habe, um ihn zur Herausgabe von Caipha zu veranlassen, ist schon deshalb unwahrscheinlich, weil Tancred Caipha rechtmässig besass. Fulcher[2]) nennt Caipha Tancreds Stadt und sein Kompilator Bartholf[3]) berichtet, dass Tancred Caipha und Tiberias schon zu Lebzeiten Gottfrieds besass, nachdem er sie erobert hatte. Das ist ungenau, da Caipha erst nach Gottfrieds Tode erobert wurde. Doch kann es immerhin zur Bestätigung der Angabe Wilhelms dienen, dass Gottfried Tiberias und Caipha, das noch in den Händen der Feinde war, Tancred verliehen habe. Die Angabe Wilhelms verdient entschieden den Vorzug vor der Alberts. Es ist nicht gut anzunehmen, dass Gottfried einem Ritter ohne Gefolge eine feindliche Stadt übertragen haben sollte. Gab er sie dagegen Tancred, der 80 Ritter und 500 Mann Fussvolk[4]) hatte, so war begründete Aussicht vorhanden, dass dieselbe in die Hände der Christen kam. Nach Radulf[5]) hatte denn auch Tancred Caipha schon zu Lebzeiten Gottfrieds belagert. Nach dem Tode desselben gab er sich die grösste Mühe, die

---

[1]) Alb. Aq. lib. VII. c. 43 ff.

[2]) Fulcher III. 384 Eo tempore contigit in Martio Mense Tancredum, Caipham, oppidum suum, regi Balduino relinquere, Tiberiadem quoque et Antiochiam cum suis per terram ambulare.

[3]) Bartholf III. 523. Iste Tancredus Tiberiadem et Caipham, oppida valida, iam a tempore Godefridi ducis subacta obtinebat.

[4]) Alb. Aq. lib. VII. c. 45.

[5]) Rad. III. 704.

Unterstützung der Italiener für sein Unternehmen zu gewinnen und mit ihrer Hilfe eroberte er Caipha[1]).

Gottfried erreichte durch diese Verleihung zweierlei: einmal kam das Reich voraussichtlich in den Besitz einer Hafenstadt, dann aber wurde Tancred mit seinem Gefolge an das heilige Land gefesselt, was bei der geringen Anzahl der christlichen Streitkräfte für den Herzog von grösster Bedeutung war.

Die Albert'sche Darstellung leidet aber auch an einem inneren Widerspruch. Mit der Angabe, dass der König von Tancred das unrechtmässig erworbene Caipha zurückverlangte, ist nicht zu vereinbaren, dass der Besitz dieser Stadt Tancred auf die Dauer von 15 Monaten vorbehalten wurde. Auch der Umstand, dass sich Balduin nach Caipha begab, um mit Tancred zu verhandeln, muss Bedenken erwecken. Auf dem Marsche nach Jerusalem hatte es Balduin ängstlich vermieden, Caipha zu betreten, obwohl Tancred nicht in der Stadt war[2]). Es ist schwer zu glauben, dass er das jetzt gewagt haben sollte, da Tancred über genügende Streitkräfte verfügte, um den König in Caipha festzuhalten. Doch abgesehen davon, sollte sich wirklich der König so tief gedemütigt haben, sich in das Lager eines Vasallen zu begeben, der ihm die Anerkennung verweigerte, um ihn zur Nachgiebigkeit zu bewegen? Das entspricht durchaus nicht dem Charakter Balduins. Wenn der König in Caipha mit Tancred verhandelt hat, dann können diese Verhandlungen nur den Zweck gehabt haben, das alte Unrecht in Vergessenheit zu bringen und Tancred zum Bleiben zu veranlassen. Es wäre das eine Bestätigung der Nachricht Wilhelms, dass man Tancred mit Bedauern abziehen sah. Wenn die Angabe Alberts über die Streitkräfte Tancreds auch übertrieben sein mag, so war sein Weggang doch ein grosser Verlust für das christliche Heer in Palästina, denn Fulcher (III. 383) giebt die Stärke aller christlichen Streitkräfte einschliesslich der

---

[1]) Nach Kugler A. von A. p. 266 ist es nicht recht ersichtlich, weshalb die Christen nach Gottfrieds Tode statt Akkon Caipha angriffen. Die Verleihung Caiphas an Tancred giebt uns die Erklärung, weshalb dieser die Venetianer veranlasste, Caipha anstatt Akkon zu belagern.

[2]) Fulcher III. 377.

Besatzungen der Städte im Sommer 1101 nur auf 300 Ritter und ungefähr ebensoviel Fussvolk an.

Nach allen diesen Erwägungen kommen wir zu dem Resultat, dass im Winter 1101 thatsächlich, wie Albert angiebt, Streitigkeiten zwischen Tancred und dem König stattgefunden haben, wenn auch aus einem anderen Grunde. Das, was Radulf und Wilhelm über das Verhältnis der beiden Fürsten zu einander erzählen, genügt, um die Zwistigkeiten zu erklären. Beider Angaben werden ausserdem durch den gewöhnlich gut unterrichteten Bartholf bestätigt[1]).

Auch die Erzählung Alberts von dem Streite zwischen dem Patriarchen und dem König ist nicht einwandsfrei. So ist auffällig, dass Albert die Thatsachen erzählt, ohne eine vermittelnde Erklärung zu geben. Nachdem Balduin am 21. Dezember 1100 nach Jerusalem zurückgekehrt ist, hält er sofort eine Versammlung ab, in der auch der Patriarch zugegen ist. Von einer vorhergegangenen Versöhnung ist nicht die Rede. Bei der Krönung sind beide im besten Einvernehmen, doch bald darauf finden wir ohne Angabe eines Grundes den Patriarchen im Lager Tancreds dem König feindlich gegenüberstehen. Ebenso unvermutet ist er bei des Königs Ankunft schon wieder in Jerusalem. Hier zieht Balduin erst jetzt den Patriarchen zur Verantwortung wegen seines Verhaltens nach Gottfrieds Tode, während man doch nach der Darstellung Alberts annehmen müsste, dass diese Streitfrage zu Weihnachten beigelegt worden sei. Nach dem Abzuge Tancreds geht der König rücksichtslos gegen den Patriarchen vor; der Streit wird von Tag zu Tag heftiger, bis der König endlich nach Rom sendet und die Entscheidung des Papstes anruft. Dieser schickt Mauritius, welcher noch in demselben Monat März eine Versammlung abhält und den Patriarchen suspendiert.

Nun wissen wir aber, dass Mauritius schon den 4. Mai 1100[2]) von Rom abgesandt wurde und schon in Laodicea war, als Balduin auf seinem Zuge nach Jerusalem dorthin

---

[1]) Bartholf III. 523.

[2]) Dieses Datum trägt das Begleitschreiben, das der Papst Paschalis II dem Mauritius mitgab. Jaffé ed. II. 5835 bei Baronius XVIII. p. 124 und Watterich, Pontif. Roman. vitae. II. 18.

kam[1]); er befand sich also schon lange vor dem Beginn des Streites in Asien. Deshalb beruht die Angabe Alberts, Mauritius sei abgesandt worden, um die Händel zwischen dem König und dem Patriarchen zu schlichten auf einem Irrtum. Kugler[2]) hält denselben für unerheblich und sucht ihn zu erklären. Verzeihlich wäre dieser Irrtum, wenn der Berichterstatter fern von den Ereignissen gewesen wäre; wenn er sich aber, wie Kugler annimmt, in Jerusalem selbst aufhielt und seine Aufzeichnungen gleichzeitig machte, ist er kaum zu entschuldigen.

Dass der Legat mit der italienischen Flotte im Monat März vor Caipha erschien und sich von hier aus nach Jerusalem begeben habe, (Kugler l. c.) ist möglich; wahrscheinlicher ist es, dass er erst von Joppe aus sich mit seinen Landsleuten im April nach Jerusalem begab.

Aus dem oben erwähnten Begleitschreiben wissen wir, dass Mauritius abgesandt wurde, um die Streitigkeiten innerhalb des Klerus der heiligen Stadt zu schlichten. Dass der Legat zu diesem Zwecke zu Ostern ein Konzil hielt, wie Albert erzählt, ist nicht unwahrscheinlich; dann ist es naheliegend, dass bei dieser Gelegenheit das Verhältnis zwischen dem König und dem Patriarchen zur Sprache kam. Hierbei konnten die Ansprüche des letzteren und die Ereignisse nach Gottfrieds Tode nicht unerwähnt bleiben. Die Vorgänge vor dem Erscheinen des heiligen Feuers mögen Albert zu der Meinung geführt haben, dass der Patriarch zuerst seines Amtes enthoben, dann aber wieder in dasselbe eingesetzt wurde[3]).

---

[1]) Caffarus, An. Gen. Muratori VI. 248. Mon. Germ. XVIII. 12.

[2]) Kugler, A. v. A. p. 284 ff.

[3]) Kugler, A. v. A. p. 287 nimmt gerade den umgekehrten Fall an, nämlich dass Bartholf die Absetzung und Wiedereinsetzung Daiberts fälschlich mit dem Feuerwunder vermischt. Ich halte die Darstellung Bartholfs für richtiger, denn es kam im Mittelalter gar nicht selten vor, dass Christen sich öffentlich demütigten und Busse thaten, um Gott zu versöhnen. Auch Kühn op. c. p, 36 Anm. 2 hält den Bericht Bartholfs für zuverlässiger.

Was Albert sonst noch über den Verlauf der Streitigkeiten während des Osterfestes erzählt, erscheint so wenig glaubwürdig, dass eine Widerlegung kaum nötig ist[1]).

Von dem Bericht Alberts können wir so viel festhalten, dass der Legat Mauritius sich zu Ostern 1101 in Jerusalem befand. Während seines Aufenthaltes in der heiligen Stadt fanden die Verhältnisse in Kirche und Staat eine eingehende Erörterung und die bestehenden Differenzen wurden beigelegt.

Nach dem Feste begleiteten der Patriarch und der päpstliche Legat Mauritius den König nach Joppe. Hier schloss Balduin mit der vor Anker liegenden italienischen Flotte einen Vertrag. Infolgedessen verpflichteten sich die Italiener, den König bei Eroberung zweier Städte zu unterstützen, wofür ihnen Balduin ein Viertel in den mit ihrer Hilfe gewonnenen Städten versprach[2]).

Zunächst wurde Arsuf, dass schon Gottfried vergebens bestürmt hatte, belagert. Schon am dritten Tage sahen sich die Einwohner genötigt, Balduin unter der Bedingung freien Abzuges ihre Unterwerfung anzubieten. Balduin ging hierauf ein und entliess die Saracenen nach Askalon. Nach Zurücklassung einer Besatzung in Arsuf zog er gegen Caesarea und und schloss es ein[3]). Noch während man mit dem Bau der Belagerungsmaschinen beschäftigt war, erschien eine Gesandtschaft der Belagerten vor dem Patriarchen und dem Legaten und forderte unter Hinweis auf die Gebote Gottes die Aufhebung der Belagerung, natürlich vergebens.

Nachdem dieselbe 15 Tage gedauert hatte, erstürmten die Christen an einem Freitage die Stadt. Nur wenige Einwohner entkamen dem Blutbade. Tausend Kaufleute hatten sich auf das Dach der Moschee geflüchtet. Von hier aus baten sie den Patriarchen um Schonung des Lebens für den Preis ihrer Schätze. Daibert verwandte sich für sie bei den Genuesen, und es gelang ihm, ihr Leben zu retten[4]). In die

---

[1]) Sybel op. c. p. 100 verwirft die Darstellung Alberts vollständig, während Kugler A. v. A. p. 277 u. ff. sie ebenso vollständig beizubehalten sucht. Röhricht, Geschichte des Königr. Jerus. p. 18 u. f. wiederholt den Bericht Alberts, ohne Stellung dazu zu nehmen.
[2]) Fulcher III. 389 u. f.
[3]) ibidem.
[4]) Caffarus An. Gen. Muratori VI. p. 250 ff. Mon. Germ. XVIII.

Gefangenschaft des Königs gerieten der Emir und der Kadi. Gross war die Beute der Christen[1]).

Der Patriarch und der päpstliche Legat weihten die Moscheen sofort zu christlichen Kirchen. Hierauf wurde ein Erzbischof, mit Namen Balduin, eingesetzt und konsekriert.[2]) Von Caesarea begleitete Daibert den König nach Ramlah.[3]) Vierundzwanzig Tage blieben die Christen in Erwartung eines feindlichen Angriffes von Askalon aus in der Ebene von Ramlah. Als sich aber trotz ihrer geringen Stärke kein Feind zeigte, ging der König nach Joppe zurück.[4])

Siebzig Tage lang war die Ruhe des Landes von keinem Feinde gestört worden; da wurde Balduin gemeldet, dass ein grosses türkisches Heer heranrücke. Sofort beschied er die Mannschaften aus Jerusalem, Tiberias, Caipha und mehreren kleinen Orten nach Joppe, wo gerade damals zahlreiche Pilger sich aufhielten.[5]) Am 6. September,[6]) um 9 Uhr des Morgens,[7]) zog der König mit seinem Heere aus Joppe. Ausserhalb der Stadt wurde Halt gemacht, und auf des Königs Befehl hielt der Erzdiacon Arnulf eine Ansprache, in welcher er das Volk glücklich pries, dem es vergönnt wäre, die heiligen Orte zu besitzen. Er erinnerte aber auch daran, dass die Saracenen, wie aus einem aufgefangenen Briefe hervorginge, entschlossen wären, die heiligen Orte vollständig vom Erdboden zu vertilgen. Sie wüssten selbst, was sie thun müssten, um dieses zu verhüten.

Die Rede Arnulfs machte einen gewaltigen Eindruck. Im Angesichte des heiligen Kreuzes bekannte das Volk seine Sünden und empfing vom päpstlichen Gesandten Mauritius, der zufällig anwesend war, den Segen. Hierauf zog man fröhlich, die Hilfe Gottes anrufend, nach Ramlah.[8])

---

[1]) Fulcher III. 389 u. f.
[2]) Caffarus l. c.; Fulcher III. 390. Wilh. von Tyr. I. 423; s. auch Hagenmeyer p. 220 u. Sybel p. 101.
[3]) Alb. Aq. lib. VII. c. 57.
[4]) Fulcher III. 391.
[5]) Fulcher III. 391. Eccehard XXVIII. 3.
[6]) Fulcher l. c.
[7]) Eccehard XXIX. 2. Denique cuiusdam diei hora tertia extra civitatem Joppen totius populi conventus est factus.
[8]) Eccehard l. c.

Am 7. September rückte Balduin mit 260 Rittern und 900 Mann zu Fuss, in 6 Treffen geteilt, dem Feinde entgegen. Mit grösstem Mute und mit freudiger Zuversicht, im Vertrauen auf das heilige Kreuz, welches der Abt Gerhard trug, griffen die Christen an. Schon waren jedoch zwei Haufen von den Feinden zurückgeschlagen, da eilte der König selbst herbei. Nur nach tapferem Kampfe und nach dem Falle ihres Führers wurden die Türken endlich besiegt. Doch auch die Nachhut des christlichen Heeres war überwunden worden, und die feindlichen Reiter schwärmten bis Joppe. Dieser Umstand erweckte daselbst die Meinung, dass das ganze Heer des Königs besiegt und dieser selbst vielleicht tot sei. Die Königin sandte deshalb sofort einen Boten zu Tancred, um ihn zum Schutze des gefährdeten Reiches herbeizurufen. Nicht lange darauf erschien zur grossen Freude aller der siegreiche Balduin in der Stadt. Tancred wurde dies unverzüglich durch einen zweiten Eilboten mitgeteilt.

Nach kurzem Aufenthalt in Joppe zogen alle nach Jerusalem. Der Friede des Reiches wurde nun durch acht Monate nicht mehr gestört.[1]) So stellen Fulcher und Eccehard die Vorgänge dieses Sommers (1101) dar.

Albert von Aachen berichtet dagegen, abweichend von allen anderen Quellen, von neuen Streitigkeiten zwischen dem Könige und dem Patriarchen, die schliesslich zu des letzteren Absetzung führen. Er erzählt lib. VIII. c. 58 ff.:

Der König wird in Joppe von dem Heere gedrängt, den rückständigen Sold auszuzahlen; in seiner Verlegenheit begiebt er sich nach Jerusalem und verlangt vom Patriarchen Geld zur Befriedigung der Soldaten. Daibert verlangt Aufschub bis zum nächsten Morgen. Dann bringt er 200 Mark Silbers, die für den Bedarf der Mönche bestimmt waren, mit der Versicherung, dass dies alles Geld sei, was er habe. Der König glaubt seinen Worten. Arnulf aber und noch mehrere andere behaupten, dass der Patriarch nicht die Wahrheit gesprochen, sondern dass er grosse Schätze in seinen Schränken verborgen habe. Der König, hierdurch aufgebracht, fordert jetzt mit Entschiedenheit vom Patriarchen, dass er die Ritter, welche die Kirche gegen die Heiden beschirmten, aus den Spenden der Gläubigen unterhalte.

---
1) Fulcher III. 393 ff. Eccehard c. XXX.

Auch die Forderung Balduins, wenigstens 40 Ritter zu besolden, erfüllt der Patriarch nicht, gestützt auf die Freundschaft des Mauritius, mit welchem er im geheimen die Gaben der Christen an das heilige Grab verprasst. Eines Tages jedoch überrascht der König auf Veranlassung Arnulfs die beiden beim üppigen Mahle. Es kommt zu einem heftigen Wortwechsel zwischen Balduin und dem Patriarchen, der sich endlich auf den Rat des Mauritius dazu versteht, 30 Ritter zu unterhalten. Aber schon nach kurzer Zeit zieht er trotz aller Mahnungen Balduins den Sold zurück. Zuletzt geht Daibert, um dem fortwährenden Drängen des Königs auszuweichen, nach Joppe. Die Diener des Patriarchen werden gefangen gehalten und durch Androhung von Schlägen gezwungen anzugeben, wo ihr Herr seine Schätze vergraben habe. Auf diese Weise findet man 20000 Byzantiner und eine ausserordentlich grosse Masse Silbers. Daibert bleibt während des Winters in Joppe; anfangs März des Jahres 1102 begiebt er sich zu Tancred nach Antiochien.

Den Mauritius behält der König bei sich und behandelt ihn mit der grössten Auszeichnung, weil er der Legat des Papstes ist.]

Während dieses Streites im Sommer 1101 empfängt Balduin die Nachricht von dem Heranzuge eines grossen türkischen Heeres. Um diesem zu begegnen, bricht er am Feste Mariä Geburt (8. September) mit seiner ganzen Streitmacht nach Joppe auf. Von hier zieht er mit nur 300 Rittern und 1000 Mann zu Fuss zur Recognoscierung des Feindes aus. In der Ebene von Ramlah stösst er auf das ganze feindliche Heer. Beim Anblick desselben ergreift die Christen Furcht und Schrecken. (terrore et timore percussi.) Doch da der König der Gefahr nicht mehr entgehen kann, teilt er sein kleines Heer in 5 Treffen. Mit Schrecken sieht er die drei ersten Scharen erliegen. Schon schwebt ihm selbst der Tod vor Augen. Da ermahnen ihn zwei Bischöfe, Gerhard und Balduin, sich mit dem Patriarchen auszusöhnen, da er sonst nicht siegen könne. Der König steigt vom Pferde, wirft sich vor dem heiligen Kreuze nieder und verspricht, sich mit Daibert zu versöhnen, wenn jener sich nach kirchlichem Gesetze von der Anklage des Meineids zu reinigen vermöchte. Hierauf bekennt er vor den beiden Bischöfen seine Sünden und empfängt den Leib Christi. Er besteigt sein Pferd wieder, stürzt sich in die Feinde und besiegt sie, nachdem er ihren Führer getötet. Dann zieht das Heer mit reicher Beute beladen nach Joppe. Die Nacht wird unter grossem Jubel zugebracht. Am nächsten Morgen aber eilt Balduin nach Jerusalem, wo er den zehnten Teil der ganzen Beute dem Hospital und den Armen schenkt.

Sybel[1]) verwirft auch diese Angaben Alberts. Er nimmt nach Fulcher an, dass der König sich während der 70 Tage in Joppe aufgehalten habe und nicht nach Jerusalem gekommen sei. Das Schweigen Fulchers, der Aufenthalt der Königin in Joppe sind für ihn bestimmend. Dem gegenüber bemerkt Kugler[2]), dass die Angaben Fulchers zu diesem Schlusse nicht berechtigten, da dieser nur sage, dass Balduin sich von Ramlah nach Joppe begeben und dass er mehr als zwei Monate später von hier aus die Ritterschaft seines Reiches zum Kampfe gegen die Feinde aufgerufen habe. — Dies schliesst allerdings nicht aus, dass der König während dieser Zeit auch in Jerusalem gewesen sein kann, wie Albert erzählt. Auch die Anwesenheit der Königin in Joppe braucht nicht einen längeren Aufenthalt des Königs in dieser Stadt zur Voraussetzung zu haben; sie konnte mit ihm die Flotte der Pilger erwarten, die am 8. September[3]) in Joppe einlief.

Gleichwohl macht der Bericht Alberts doch nicht den Eindruck völliger Glaubwürdigkeit, wie Kugler l. c. annimmt.

Zunächst giebt Albert falsch an, dass der König am 8. September mit seinem Heere von Jerusalem nach Joppe aufbrach. Fulcher und Eccehard melden übereinstimmend, dass der König von Joppe aus die Streitkräfte von Jerusalem und den anderen Orten an sich gezogen habe; hieran ist nicht zu zweifeln. Zudem fand die Schlacht schon am 7. September statt, so dass der Aufbruch des Königs von Jerusalem hätte vor dem 7. erfolgen müssen. Die Erklärung des Albert'schen Irrtums durch Kugler kann hier kaum genügen. Desgleichen ist die Darstellung der Vorgänge während der Schlacht nicht einwandsfrei. Fulcher erzählt von der Furcht des Königs nichts, obwohl er sie bei dem Angriffe

---

[1]) Sybel op. c. p. 101 ff.
[2]) Kugler A. v. A. p. 289 ff.
[3]) Röhricht, Königr. Jerus. p. 27.

am Hundsflusse offen eingestanden hat. Ebenso berichtet über die Begegnung des Königs mit dem Abte Gerhard weder Fulcher etwas, der in der Schlacht zugegen war, noch Gerhard selbst, von dem Eccehard seine Nachrichten hat. Auch macht der König nach der Schlacht trotz seines Gelöbnisses nicht den geringsten Versuch, sich mit dem Patriarchen, der doch nach Albert in Joppe war, zu versöhnen. Wenig glaubwürdig erscheint mir endlich, was Albert über die Vorfälle in Jerusalem erzählt: Der Patriarch ist so habgierig, dass er es nicht über sich gewinnen kann, 30 Ritter zu besolden; gleich darauf aber lässt ihn Albert mit Zurücklassung aller seiner Schätze nach Joppe fliehen.

Eine Unterstützung finden Alberts Angaben über diesen Streit darin, dass sich der Patriarch in dieser kritischen Lage nicht in der Nähe des Königs befand, wohl aber sein Gegner Arnulf.

Sonach scheint auch dieser Bericht Alberts einen wahren Kern zu enthalten, der aber durch mannigfache Zusätze verdunkelt ist. Wir können annehmen, dass in der That ein Streit zwischen dem König und dem Patriarchen stattgefunden hat. Letzterer mag sich dann nach Joppe und von hier nach Antiochien begeben haben.

Zum Osterfeste 1102 kamen die Kreuzfahrer des vergangenen Sommers, welche den Türken glücklich entgangen waren, nach Jerusalem, so Wilhelm von Poitou, Stephan von Burgund, Stephan von Blois und andere.[1]) Der letztere brachte Daibert einen Brief von Ivo, Bischof von Chartres, worin dieser seine Landsleute der Fürsorge und dem Schutze seines Freundes empfahl.[2])

Nach dem Feste begaben sich die Pilger nach Joppe, um von hier aus in ihre Heimat zurückzukehren. Während sie auf günstigen Fahrwind warteten, erschien ein Bote des Bischofs von Ramlah, welcher um schleunige Hilfe gegen die Saracenen bat. Diese hatten bei Askalon ein grosses Heer gesammelt und waren jetzt unter schrecklichen Verwüstungen in das christliche Gebiet eingefallen. Balduin, unterstützt von den anwesenden Pilgern, zog eilig gegen

---

[1]) Fulcher III. 398. Wilh. von Tyr. I. 428.
[2]) Ivonis Carnotensis opera tom. II. epist 93. p. 114.

die Feinde, wurde aber von ihnen in der Ebene von Askalon geschlagen. Der grösste Teil des christlichen Heeres wurde vernichtet. Der König rettete sich nach Ramlah. Da er fürchtete, hier von den Feinden eingeschlossen zu werden, begab er sich mit nur 5 Begleitern nach Arsuf. Doch erst nach drei Tagen und nach dem Verlust seiner Begleiter kam er dort an, von den Bewohnern und der Besatzung freudig empfangen.

Hier traf auch Hugo von Tiberias, der den Bewohnern von Joppe zu Hilfe zog, mit 80 Rittern ein.

Von Arsuf eilte Balduin zu Schiffe nach Joppe, wo man ihn schon für tot gehalten hatte.

Noch an demselben Tage zog er Hugo von Tiberias entgegen und geleitete ihn sicher nach Joppe. Unverzüglich wurde dann ein Syrer nach Jerusalem gesandt, um von dort Hilfe zu holen. Sofort brachen 90 Streiter auf; nachdem sie in der Nähe von Arsuf mit Mühe den Saracenen entgangen waren, gelangten sie glücklich zum Könige. Am Tage nach ihrer Ankunft (6. Juni) marschierte dieser gegen die Feinde, die sich in der Nähe gelagert hatten. Nach heftigem Kampfe wurden sie besiegt; ihr Lager fiel den Christen in die Hände, die frohlockend nach Joppe zurückkehrten[1]).

Mit diesen Angaben Fulchers stimmt Albert von Aachen im wesentlichen überein; er fügt aber folgendes hinzu: Nachdem sich Balduin von Arsuf nach Joppe gerettet hat, ruft er alle seine Barone zu den Waffen. Auch Tancred und Balduin von Burg bittet er um Hilfe. Da diese jedoch zu lange zögern, wagt der König, unterstützt von Pilgern, die eben gelandet waren, eine zweite Schlacht, in welcher er die Türken besiegt. Erst nach diesem Siege erscheinen Tancred, Balduin von Burg, Wilhelm der Zimmermann und Wilhelm von Poitou. In ihrer Begleitung ist der aus Jerusalem geflohene Patriarch Daibert. Dieser hat sich dem Zuge angeschlossen in der Hoffnung, seine Würde wiederzuerlangen.

Als dem König in Joppe die Annäherung der Ritter gemeldet wird, sendet er ihnen Leute entgegen, um sie mit den nötigen Lebensmitteln zu versorgen. Die Fürsten ihrer-

---

[1]) Fulcher III. p. 400 ff.

seits schicken Gesandte an Balduin und lassen ihm melden, dass sie nur dann zur Hilfe gegen Askalon bereit seien, wenn er den Patriarchen wieder in seine Würde einsetze. Der König fügt sich nur ungern; aber um ihren Beistand zu gewinnen, antwortete er, dass man zuerst gegen das feindliche Askalon ziehen müsse; nachher solle die Angelegenheit Daiberts durch den Legaten des Papstes, den Kardinal Robert von St. Eusebius [1]), untersucht und entschieden werden. Damit zufrieden rücken die Fürsten vor Askalon und belagern dasselbe acht Tage lang. Da sie jedoch einsehen, dass die Stadt uneinnehmbar sei, ziehen sie mit dem König wieder nach Joppe zurück. Hier wird auf einer Versammlung aller anwesenden Bischöfe, Aebte und Geistlichen über die Sache Daiberts verhandelt. Es wird beschlossen, ihn in alle Ehren und Würden, deren ihn der König beraubt hatte, wiedereinzusetzen, nach Jerusalem zurückzuführen und feierlich auf den bischöflichen Stuhl zu erheben. Dies geschieht.

Am Tage nach seiner Restitution aber wird in der Kirche des heiligen Grabes ein Konzil gehalten, wo in Gegenwart des Kardinallegaten Robert und der ganzen Kirche Balduin, Bischof von Caesarea, Bischof Robert von Rama, der Erzdiakon Arnulf und viele andere Kleriker und Laien als Ankläger und Zeugen wegen Daibert auftreten. Anwesend sind achtzehn Erzbischöfe und Bischöfe, darunter Engelhard von Laon, die Bischöfe von Piacenza, Tharsus und Mamistra, ferner die Aebte von St. Maria de Latina, vom Thale Josaphat, vom Berge Tabor und viele andere.

Daibert wird angeklagt der Simonie, des Mordes an den griechischen Christen, den die Genuesen auf seine Veranlassung begangen, des Verrates an Balduin und endlich, dass er das aus den Spenden der Pilger gesammelte Geld vergraben habe.

Da der Patriarch seine Unschuld nicht nachweisen kann, wird er auf Beschluss der Synode seiner Würde entsetzt und mit dem Fluche der Kirche belegt. Tancred und die anderen Fürsten widerstreben nicht, da sie sehen, dass das Urteil gerecht ist; sie nehmen Daibert jedoch bei ihrer Rückkehr mit nach Antiochien.

---

[1]) Kühn p. 39 Anm. 4.

Fulcher erzählt von diesem Zuge Tancreds und von der Absetzung des Patriarchen nichts, und Sybel (p. 102 ff.) und andere glauben deshalb, diesen ganzen Zug in Abrede stellen zu müssen. Doch einmal spricht der Umstand, dass Albert die Ereignisse dieses Sommers richtig angiebt, dagegen, dass dieser Hilfszug Tancreds erdichtet sei, und dann wird die Angabe Alberts bestätigt durch Radulf[1]) und Eccehard[2]). Das Schweigen Fulchers ist allerdings auffällig, doch lässt es sich vielleicht dadurch erklären, dass der Zug gegen Askalon erfolglos blieb, und dass er es vermeiden wollte, das Vorgehen gegen den Patriarchen zu erwähnen.

Für ungenau halte ich die Angabe Alberts, dass der König nach der Niederlage bei Ramlah Tancred zu Hilfe gerufen habe; wäre das der Fall gewesen, dann hätte Balduin nicht wenige Tage später eine zweite Schlacht gewagt, denn er musste wissen, dass die Hilfe aus Antiochien unter Wochen nicht eintreffen konnte. So nimmt denn auch Röhricht[3]) an, dass Balduin schon vor der Niederlage die Hilfe Tancreds angerufen habe, wahrscheinlich schon auf die Kunde von der Sammlung eines feindlichen Heeres bei Askalon. Der Hilferuf des Bischofs von Ramlah veranlasste dann den König, den Feind, über dessen Stärke er im Irrtum war, anzugreifen, ohne das Eintreffen Tancreds abzuwarten.

Merkwürdig erscheint ferner, dass der Patriarch in Joppe alle seine Aemter zurückerhält, während er am nächsten Tage von denselben Bischöfen und Geistlichen wieder abgesetzt und mit dem Anathem der Kirche belegt wird. Warum brachten seine Ankläger ihre Beschuldigungen nicht in Joppe vor?[4])

1) Radulf lll. p. 707. Postremo laboranti Hierusalem strenuissime subvenitur.

2) Eccehard bei Hagenmeyer op. c. p. 325. Sed non cessit eis impune victoria illa, non sua virtute, sed divina dispositione in his, quos ipse non terras ultra sed paradysum voluit incolere conquisita. Nam tertio die Balduinus superveniens cum exercitu copioso, quam prius exspectasse debuerat, tanta illos proterit internetione, ut nec libuerit nec profuerit vicisse. Novum autem illum exercitum tam Regimundus a Tripoli, quam nuper devicerat, quam ab Antiochia Tancredus ducebat.

3) Röhricht, Königr. Jerus. p. 40.

4) Ueber das Wiederauftauchen Wilhelms von Poitou und über die Erwähnung eines Bischofs von Betlehem siehe Kugler A. v. A. p. 296.

Folgendes mag der wahre Hergang gewesen sein: Nachdem Balduin die Feinde zurückgeschlagen, traf Tancred mit seiner Schar beim Könige ein. In Tancreds Gefolge befand sich der vertriebene Patriarch Daibert, der durch Vermittelung Tancreds seine Würde wiederzuerlangen hoffte. Nach der vergeblichen Belagerung Askalons wurde die Sache Daiberts zur Entscheidung gebracht. Auf einem sehr zahlreich besuchten Konzil in Jerusalem unter dem Vorsitz des päpstlichen Legaten, des Kardinals Robert, wurde über den Patriarchen verhandelt. Die schwersten Anklagen wurden von Arnulf und seinen Parteigenossen gegen Daibert vorgebracht. Dieser blieb aus Furcht vor dem Könige dem Konzil fern[1]), und so hatten seine Gegner leichtes Spiel; er wurde abgesetzt.

Nach Bartholf l. c. waren die Zwistigkeiten des Patriarchen mit dem Klerus von Jerusalem der Grund seiner Absetzung.

Wilhelm von Tyrus (l. p. 438) giebt an, dass Daibert Jerusalem verlassen habe, weil er den Ränken Arnulfs nicht mehr zu widerstehen vermochte. Soviel steht fest, dass Arnulf und der König die Absetzung veranlassten.

Die Feindschaft zwischen Daibert und Arnulf ist leicht erklärlich, hatte doch der letztere jenem die usurpierte Würde überlassen müssen.

Ueber die Umstände, die zu dem Konflikt zwischen Balduin und Daibert führten, haben wir nur Vermutungen. Wie oben gesagt, kam die Aussöhnung zwischen beiden zu Weihnachten 1100 durch gegenseitige Nachgiebigkeit zustande. Der Patriarch verzichtete auf Jerusalem und Joppe, aber nur so lange, bis das Reich durch die Eroberung anderer Städte einen Ersatz gefunden haben würde. Es liegt nahe, dass er seine Ansprüche wieder geltend gemacht haben wird, sobald dieser Fall eintrat. Das dürfte schon nach der Eroberung Caesareas geschehen sein, und in diese Zeit verlegt auch Albert die Streitigkeiten während des Sommers 1101. Da der König, der seine Macht inzwischen befestigt hatte, die Ansprüche des Patriarchen zurückwies und sogar seinerseits mit Forderungen an denselben herantrat, so brach

---

[1]) Brief des Papstes an Balduin vom 4. Dezember 1107 bei Hagenmeyer p. 388 ff.; Rozière Nro. 10 p. 8. Jaffé ed. II. 6175.

der Streit aufs neue aus und endete schliesslich mit der Entfernung Daiberts.

Der Anlass zum Streit könnte aber auch noch auf einem anderen Gebiete zu suchen sein. Wilhelm von Tyrus schreibt I. p. 402 über Balduin: „Verumtamen ut vitiatae propaginis et primae maledictionis haeredem se non dubitaret, carnis dicitur lubrico impatienter laborasse; ita tamen caute, quae ad illum defectum respiciunt negotia procurare satagebat, ut nemini scandalum, nulli vis maior, nulli enormis infligeretur iniuria; quodque rarum est in huiusmodi, vix ad paucos ex cubiculariis eius huius rei poterat pervenire notitia. Tamen, si, more peccatorum, ad excusandas excusationes in peccatis eius fautor quaerit descendere, videtur aliquam apud homines, etsi non apud districtum iudicem, excusationem habere de hoc peccato, sicut in sequentibus dicetur."

Später (Wilh. v. Tyrus I. p. 451) beschwert sich Daibert beim Papste, dass Balduin seine Gattin ungehört verstossen habe: „Nec solum id enorme, quod de domino patriarcha Daimberto supra memoravimus factum esse contra disciplinam ecclesiasticam rex commiserat; verum etiam uxorem legitimam, quam apud Edessam, dum ibi comes esset, duxerat, absque causae cognitione, non convictam, non confessam, lege matrimoniorum neglecta, dimisit, eamque in monasterio sanctae Annae ... monacham fieri compulit violenter."

Sollte nicht zwischen diesen beiden Stellen ein Zusammenhang bestehen? Es ist gar nicht unwahrscheinlich, dass der districtus iudex, welcher das Verhalten des Königs nicht entschuldigte, Daibert gewesen sei, und das „sicut in sequentibus dicetur" sich auf dessen Beschwerde beim Papst bezieht. Der Patriarch wusste bei seiner Abreise aus Asien im Herbst 1104 schon um die Verstossung von Balduins Gemahlin; dieselbe musste also spätestens im Sommer 1104 stattgefunden haben. Als Grund der Verstossung giebt Guibert (lib VII. c. 43) an, dass die Königin auf ihrer Reise von Antiochien nach Joppe (1101) in türkische Gefangenschaft geraten sei und während derselben die eheliche Treue gebrochen haben solle. Hiernach ist anzunehmen, dass Balduin schon während Daiberts Patriarchat beabsichtigte, sich von seiner Gemahlin zu trennen, aber bei diesem auf Widerstand stiess. Die Folge davon musste sein, dass es zwischen beiden zu Streitigkeiten kam und dass der König seinen Widersacher auf jede Weise zu beseitigen suchte. Da er hierbei von Arnulf und seinem Anhang unterstützt wurde, gelang es ihm, den Patriarchen zu stürzen. Dieser begab sich nach seiner Absetzung mit Tancred nach Antiochien. Als Boemund 1103 aus der Gefangenschaft zurückgekehrt war, wies er Daibert mit Zustimmung des Patriarchen Bernhard von Antiochien die Kirche des heiligen Georg mit grossen Gütern und Einkünften zu [1]).

Im Sommer 1104 nahm der vertriebene Patriarch an der Schlacht bei Carrha teil, wo er nur durch eilige Flucht der Gefangenschaft entging [2]). Noch im Herbst desselben Jahres begab er sich mit Boemund nach Italien [3]). Im Januar 1105 landeten sie in Bari [4]).

Daibert begab sich nach Rom und beschwerte sich beim Papste, dass er widerrechtlich durch die Macht des Königs und die Umtriebe Arnulfs aus dem Patriarchate verdrängt worden sei. Ersteren klagte er noch ausserdem an, dass er seine rechtmässige Gemahlin verstossen habe, ohne dass ihre angeblichen Vergehungen untersucht und bewiesen worden wären [5]).

III. Der Patriarch Evremar. (1102—1107.)

Um Daibert jede Hoffnung auf Wiedererlangung seiner Würde zu benehmen, schritt man unter dem Vorsitz des Legaten sogleich zu einer Neuwahl. [6]) Unter dem Einfluss Arnulfs wurde Evremar, ein einfacher, aber frommer Priester, zum Patriarchen gewählt.

Ueber seine Person ist nur wenig bekannt. Er stammte aus der Diöcese Arras [7]) und war mit dem ersten Kreuzzuge

---

[1]) Wilh. von Tyr. l. c.
[2]) Wilh. von Tyr. l. p. 444.
[3]) Fulcher III. 408.
[4]) Chronicon anonymi Barensis bei Muratori script. V. p. 155: 1105 indictione XVII venit Boamundus ab Antiochia in mense Januario.
[5]) Wilh. von Tyr. l. 450 u. f.
[6]) Bartholf III. p. 538. Alb. Aq. lib. IX c. 17.
[7]) Brief Evremars an den Bischof Lambert von Arras, bei Stephanus Baluzius, Miscellanea. Paris 1680. V. p. 331. Ein Abdruck hiervon findet sich bei Wilken op. c. Bd. II. Beilage 6. Röhricht, Reg. Regn. Hier. Nro. 42.

nach Jerusalem gekommen,¹) wo er das Almosenwesen verwaltete.²) Mit seltener Einstimmigkeit rühmen alle Quellen seine Frömmigkeit, sprechen ihm aber auch ebenso einmütig jede hervorragende Eigenschaft ab.³)

Selbst Albert weiss nichts von ihm zu loben, als dass er ein vir clericus boni testimonii praeclarus et hilaris eleemosynarum distributor gewesen sei und dass er in der Kirche des heiligen Grabes Gott gedient habe. Sonach scheint er Chorherr vom heiligen Grabe gewesen zu sein. Dies bestätigt der Abt Guibert, indem er sagt, Arnulf habe einen de suis contubernalibus zum Patriarchen wählen lassen. Guibert beschuldigt den Erzdiacon geradezu, dass er einen Mann auf den Patriarchenstuhl gebracht habe, welchen er ganz zu beherrschen glaubte.⁴) In der That erscheint dieser Vorwurf nicht unbegründet. Die wenig bedeutende Persönlichkeit Evremars und Arnulfs spätere Widersetzlichkeit gegen die Anordnungen desselben lassen keine andere Deutung zu.

Solange Daibert lebte und die Möglichkeit einer Restitution desselben durch den Papst nicht ausgeschlossen war, finden wir den König und Arnulf mit Evremar im besten Einvernehmen. Als aber später Evremar seinen Willen zur Geltung bringen will, versagen ihm Arnulf und seine Anhänger offen den Gehorsam.

Bald nach seinem Amtsantritt regelte der Patriarch im Einverständnis mit dem König und Arnulf die jährlichen Einkünfte der Chorherren und verlieh ihnen neben anderen Privilegien auch das Stimmrecht bei Besetzung aller Kirchen des Königreichs Jerusalem.⁵)

Im folgenden Jahre (1104) begleitete Evremar den König zur Belagerung von Akkon, wo er durch seine Vermittelung

---

¹) Wilh. von Tyr. I. p. 439. Hic autem (Evremar) simplex homo in prima expeditione venerat.

²) Alb. Aq. l. c.

³) So nennt ihn Wilh. von Tyr. I. 439 simplicem et religiosum sacerdotem honestae conversationis; Barthol. III. 538 idiota, sed ampla persona et religiosus. Guib. lib. VII. c. 14 virum simplicem et illitteratum.

⁴) Guib lib. VII. c. 14.

⁵) Rozière, Cartulaire Nro. 36 p. 71 ff. Concessit eis insuper dignitatem hanc, quae satis ecclesiae Sancti Sepulcri prerogativa competit, ut si in ecclesiis Hierosolymitani regni persona erit mutanda, consilio eorum et electione perficietur. Röhricht, Reg. Regni Hier. Nro. 40. p. 7 setzt diese Urkunde ins Jahr 1103. (1. Sept. 1102—24. März 1103.)

ein Zerwürfnis zwischen Balduin und den Italienern verhindert haben soll, welche gegen den Vertrag Gewaltthätigkeiten gegen die Bewohner von Ptolemais verübt hatten.[1] Auch 1105 war das Verhältnis zwischen Evremar und dem König und Arnulf noch ungetrübt. Im August dieses Jahres stand Balduin bei Ramlah einem so grossen feindlichen Heere gegenüber, dass er an einem glücklichen Ausgang verzweifelte. Er sandte deshalb einen Boten nach Jerusalem zum Patriarchen mit der Bitte, dass er mit allen in der Stadt Zurückgebliebenen für den Sieg des christlichen Heeres bete. Evremar versammelte sogleich alles Volk durch ein Glockenzeichen. Er ermahnte die Schwachen, inbrünstig zu Gott zu beten, diejenigen aber, welche noch die Waffen tragen könnten, ihm zu folgen, um gegen den Feind zu kämpfen. 150 Streiter scharten sich um ihn, und mit diesen eilte er noch denselben Abend zum Könige. In der Frühe des nächsten Tages, eines Sonntags, trafen sie im Lager ein. Gross war die Freude des Königs über diesen unererwarteten Zuwachs. Noch an demselben Tage wurde der Angriff unternommen. Der Patriarch selbst, mit den Insignien seines Amtes angethan, trug das heilige Kreuz. Die Türken wurden geschlagen.[2]

Doch endlich sollte auch Evremar das Schicksal Daiberts bereitet werden. Auch über die Ursachen und den Verlauf dieses Streites sind die Angaben der beiden Quellen, welche darüber berichten, sehr verschieden.

Nach Albert[3] entsteht der Streit zwischen dem König und dem Patriarchen durch die Weigerung des letzteren, dem König entweder Ritter zu stellen oder Geld zu deren Besoldung zu geben. Noch während man hierüber streitet, erscheint vor dem König ein Gesandter Rogers, des Bruders Boemunds, mit einer neuen Anklage gegen Evremar. Er erklärt, dass er dem Patriarchen im Auftrage Rogers 1000 Byzantiner gegeben habe, von denen ein Drittel für die Chorherren des heiligen Grabes, ein zweites für das Kranken-

---

[1] Alb. Aq. lib. IX. c. 28 f.
[2] Fulcher III. 412 ff. Alb. Aq. lib. IX. c. 49 ff. Wilh. von Tyr. I. 454 u. f. Den Tag der Schlacht setzt Wolff, Balduin I. p. 36 auf den 27. August. Hierüber s. auch Hagenmeyer p. 285. Anm. 6.
[3] Alb. Aq. lib. X. c. 57.

hospital und das letzte für den König zur Unterhaltung des Heeres bestimmt gewesen sei. Da dieser, durch glaubwürdige Zeugen überführt, sich nicht verteidigen kann, wird er sofort vom Könige an der Ausübung seines Amtes gehindert. Seine Diener und alle, die um diesen Betrug gewusst, werden in Gewahrsam genommen.

Infolgedessen begiebt sich der Patriarch nach Rom, um sich vor dem Papste gegen die Anschuldigungen zu verteidigen, welche der König und Arnulf gegen ihn erhoben haben. Es gelingt ihm, seine Unschuld darzuthun. In demselben Jahre, in welchem Balduin die Belagerung von Sydon aufhebt, kehrt Evremar aus Rom zurück. Er bringt dem König ein päpstliches Schreiben, worin dieser aufgefordert wird, den Patriarchen unangefochten in seinem Amte zu belassen. Da aber Balduin weder die Gesandtschaft des Papstes hören, noch dessen Brief lesen will, bleibt Evremar in Akkon, bis der König sich besänftigt habe.

Da dieser jedoch auf Arnulfs Veranlassung mit der Restitution des Patriarchen nicht einverstanden ist, so verzichtet letzterer mit Rücksicht auf das Wohl der Kirche auf seine Würde.

Mit Zustimmung Balduins und Arnulfs wird sodann ein Kleriker, mit Namen Gibelin, zum Patriarchen gewählt; Evremar erhält die Erlaubnis, das erledigte Erzbistum Caesarea anzunehmen. So Albert. Wilhelm von Tyrus[1]) erzählt uns den Vorgang in anderer Weise: Der Papst hält den abgesetzten Patriarchen Daibert längere Zeit in Rom zurück, um seine Sache genau zu untersuchen. Da jedoch niemand erscheint, um gegen ihn auszusagen, nimmt man an, dass seine Absetzung zu Unrecht erfolgt sei. Er wird deshalb in alle seine Würden wiedereingesetzt und mit einem Schreiben des Papstes versehen nach Jerusalem zurückgesandt. In Messina ist er genötigt, längere Zeit auf günstigen Fahrwind zu warten. Während dieser Zeit fällt er in eine schwere Krankheit, der er am 16. Juni erliegt, nachdem er als Patriarch vier Jahre im Amte und drei Jahre in der Verbannung gelebt hat.

---

1) Wilh. von Tyr. l. 456 u. f.

Als Evremar erfährt, dass Daibert mit der vollen Gunst des römischen Stuhles zurückkehre, um sein Amt wieder zu übernehmen, beschliesst auch er, nach Rom zu gehen und seine Unschuld darzulegen. Noch bevor er von Daiberts Tode unterrichtet ist, reist er ab, kann jedoch in Rom nicht mehr erlangen, als dass ein Legat abgesandt wird, welcher seine Sache in Jerusalem noch einmal untersuchen soll. Diesen Auftrag erhält der greise Gibelin, Erzbischof von Arles. Derselbe beruft in Jerusalem ein Konzil, auf welchem festgestellt wird, dass Daibert ohne gerechte Ursache durch die Umtriebe Arnulfs und die Gewaltthätigkeit des Königs vertrieben worden sei und Evremar bei dessen Lebzeiten sein Amt angetreten habe, ohne dass jener aus der Kirchengemeinschaft ausgeschlossen gewesen sei. Infolgedessen wird Evremar abgesetzt, darf aber das erledigte Erzbistum Caesarea annehmen. Hierauf wird auf Arnulfs Veranlassung Gibelin zum Patriarchen gewählt.[1)]

Auch über diese Verhältnisse giebt uns der Brief des Papstes vom 4. Dezember 1107 an den König, den Klerus und das Volk von Jerusalem Aufschluss. Es ist dies das Schreiben, welches Paschalis seinem Legaten mitgab. Im Eingange desselben beklagt der Papst die fortwährenden Streitigkeiten in der Jerusalemer Kirche. Sodann bestätigt es die Angabe Wilhelms, dass Daibert nach Rom ging und hier durch Synodalbeschluss seine Würde wiedererlangte. Auf dieser Synode wurde Evremar seines Amtes entsetzt, doch durfte er seine bischöfliche Würde behalten, weil er damals geglaubt haben konnte, mit Zustimmung des päpstlichen Gesandten ein erledigtes Amt angenommen zu haben. Ja es wurde ihm sogar gestattet, irgend einen anderen erledigten Bischofssitz anzunehmen, oder nach Daiberts Tode das Patriarchat von Jerusalem, wenn dies von der Jerusalemer Kirche gewünscht würde. Dieser Synodalbeschluss wurde dem König und dem Klerus von Jerusalem schriftlich mit-

---

[1)] Fulcher III. 417 sagt ganz kurz: Anno millesimo centesimo septimo transfretavit patriarcha Ebremarus nomine, Romam petens. Quaesiturus enim erat ab apostolico, utrum patriarcha remaneret. Nam Daibertus superius memoratus patriarchatum recuperaverat, sed in reditu postmodum obierat.

geteilt. Doch bevor das Schreiben dort eintraf, war Daibert zu Messina gestorben[1]) am 15. Juni 1105[2]).

Es wurde bisher allgemein angenommen[3]), dass die Wiedereinsetzung und der Tod Daiberts in das Jahr 1107 gefallen seien. Man stützte sich hierbei auf das Zeugnis Wilhelms, doch wie wir glauben, mit Unrecht. Dieser erzählt (I. p. 454 u. ff.) unter dem Jahre 1105: Das feindliche Heer wird bei Askalon geschlagen; die vor Joppe ankernde ägyptische Flotte segelt auf die Kunde von der Niederlage des Landheeres nach Tyrus. Von hier will sie nach Aegypten zurückkehren, wird aber vom Sturme ereilt und verliert viele Schiffe.

Diese Angaben stimmen genau mit Fulcher überein, dem sie entlehnt sind[4]).

Hierauf fährt der Erzbischof in seiner Erzählung fort[5]): „Interea Dominus Daimbertus, Hierosolymorum patriarcha, post longam exspectationem, qua eum detinuerat dominus Paschalis papa et ecclesia Romana, volens plenius edoceri, utrum rex Hierosolymorum et qui eum expulerant, vellent aliquid contra eum allegare, unde hoc videri possent de iure fecisse, postquam nemo comparuit, qui contra eum aliquid obiiceret, nec in eius facto aliquid aliud notari poterat, nisi quod regia expulsus erat violentia, cum plenitudine gratiae et apostolicarum prosecutione litterarum iussus est ad propria redire et sedem recipere, ex qua indebite fuerat deturbatus. Qui tandem in Siciliam veniens, apud Messanam moram faciens necessariam, transitum exspectans, gravi correptus aegritudine, sexto decimo calendas Julii, viam universae carnis ingressus est. Sedit autem in pace annis quattuor, in exilio vero tribus."

---

[1]) Breve des Papstes vom 4. Dezember 1107.

[2]) Chronicon Pisanum seu fragmentum bei Ughelli, Italia sacra, tom. X. p. 98 und Muratori script. rer. It. VI. p. 109: 1106 (nach pisanischer Zeitrechnung) Daibertus venerabilis ecclesiae Pisanae Archiepiscopus postea per gratiam Dei patriarcha Hierusalem in civitate Messana obiit in pace XVII. cal. Julii.

[3]) Hagenmeyer op. c. p. 388, Kugler, Albert von Aachen p. 355, Kühn p. 44, Dodu, histoire des institutions monarchiques dans le royaume latin de Jerusalem. Paris 1894. p. 355. Röhricht, Königr. Jerus. p. 70 u. a.

[4]) Fulcher III. 414 u. f.

[5]) Wilh. von Tyr. l. 456 u. f.

Aus dem Zusammenhange geht hervor, dass die oben erwähnten Ereignisse sich in Asien abspielten, während in Italien die Restitution und der Tod Daiberts erfolgten, also im Jahre 1105. Die Angabe, dass Daibert vier Jahre im Amte und drei Jahre in der Verbannung gewesen sei, ist falsch.

Den Irrtum bezüglich seines Todesjahres verschuldet die Angabe Wilhelms, dass Evremar sich nach Rom begeben habe, „antequam de obitu eius (Daiberts) instrueretur." Wilhelm setzt diese Reise Evremars in das Jahr 1107. Die Richtigkeit dieses Faktums wird durch den ganz zuverlässigen Fulcher bestätigt. Wenn also Evremar bei seiner Abreise von dem Tode seines Vorgängers noch nicht unterrichtet gewesen wäre, so konnte dieser nur unmittelbar vorher, nämlich 1107 gestorben sein.

Die erwähnte Nachricht erweist sich jedoch bei einem Vergleiche mit dem Briefe des Papstes als unrichtig.

Aus diesem Briefe geht einerseits hervor, dass Evremar nicht nach Rom ging, um sich wegen Annahme des Patriarchats zu rechtfertigen[1]), andererseits, dass ihm bei seiner Abreise von Jerusalem nicht nur die Wiedereinsetzung Daiberts, sondern auch dessen Tod bekannt war.

Der Papst schreibt nämlich, Evremar sei nach Rom gekommen, um gegen den Erzdiacon Arnulf und seine Anhänger Klage zu führen, weil sie ihm den Gehorsam verweigert hätten, obwohl sie nach dem Synodalbeschluss ihn nach Daiberts Tode als ihren Bischof hätten anerkennen müssen[2]).

Nach dem Wortlaut dieses Beschlusses konnte sich aber Evremar nur nach dem Tode Daiberts als rechtmässigen Patriarchen betrachten. Wenn er sich also auf diese Entscheidung beruft, so musste er auch schon von dem Ableben seines Vorgängers unterrichtet gewesen sein. Auch wird Evremar sich nicht sofort über den Ungehorsam seiner Untergebenen beschwert haben.

---

[1]) Wilh. von Tyr, l. c.

[2]) Breve vom 4. Dezember 1107: Evremarus quippe adversus archidiaconum et eos, qui cum eo erant, querimoniam disponebat, quod sibi inoboedientes existerent, cum se post Daiberti obitum, post concilii sententiam cognitam, in patrem et episcopum tenuissent.

Wir müssen somit annehmen, dass eine längere Zeit zwischen Daiberts Tod und Evremars Reise gelegen habe.

Gegen die Angabe, dass Daibert 1107 wieder in sein Amt eingesetzt worden sei, spricht auch die Thatsache, dass der Papst sich schon im September 1106 auf seiner Reise nach Frankreich befand, von der er erst im Spätherbst 1107 wieder nach Rom zurückkehrte[1]).

Hierzu kommt die oben erwähnte Mitteilung des Chronicon Pisanum. Matthei führt in seiner historia ecclesiae Pisanae p. 195 neben Wilhelm von Tyrus auch diese Nachricht des Chronicon Pisanum als Beweis dafür an, dass Daibert 1107 gestorben sei. Seite 195 Anm. 4 nimmt er an, dass der Abschreiber bei der Zahl MCVI eine römische Eins (I.) ausgelassen habe, es also nicht 1106, sondern 1107 heissen müsste. Er vergisst aber, dass das Jahr 1107 nach pisanischer Zeitrechnung immer nur 1106 wäre. Matthei sagt ferner, Ende Juni 1105 müsse Daibert noch gelebt haben, und beruft sich hierbei auf einen Bericht der genuesischen Konsuln über die Eroberung Akkons bei Ughelli, It. sacra III. p. 448. Es heisst darin: „Anno ab incarnatione domini 1105. 7 cal. Julii praesidente Hierosolymitanae ecclesiae D. Daiberto patriarcha regnante Balduino tradidit dominus civitatem Accon per manus suorum servorum Januensium suo glorioso sepulcro." Aber auch hier haben wir es mit pisanischer Zeitrechnung zu thun. Die Einnahme Akkons fällt auf den 26. Mai 1104.

Die Restitution Daiberts muss demnach im Frühjahr 1105 stattgefunden haben. Jaffé, Regesta Pont., setzt das Laterankonzil, auf welchem über diese Sache verhandelt wurde, mit Recht in das Jahr 1105 und zwar in die Zeit vor dem 17. März. Ob die Synode wirklich in die erste Hälfte des März fällt, lässt sich nicht erweisen. Sicher ist, dass sie zwischen Anfang März und dem 1. Mai gehalten wurde, in welcher Zeit die Lateransynoden stattfanden.

---

[1]) Jaffé, reg. Pont. sub an. 1106. Den 19. September 1106 befindet sich der Papst, wie aus einer Urkunde dieses Datums erhellt, in Florenz. Den 24. September 1107 hält er sich auf seiner Rückreise wieder in dieser Stadt auf; erst vom 4. Dezember 1107 ist die erste Urkunde aus Rom datiert, und zwar ist dies das schon öfter erwähnte Schreiben.

Der Brief vom 4. Dezember 1107 giebt uns noch weiteren Aufschluss:

Um die Anklagen Evremars zu entkräften, hatte sich auch sein Gegner Arnulf und der Dekan Aichard [1]) nach Rom begeben. Sie überbrachten Briefe vom Könige und dem Klerus, worin die Absetzung Evremars gefordert wurde, da er den Synodalbeschluss missachtet habe. Doch auch dieser hatte seinerseits Schreiben vom Könige und vom Klerus, worin der Papst ersucht wurde, Evremar als Patriarchen zu bestätigen und ihm das Pallium zu verleihen [2]).

Ihre Aussagen über die Zeit der Abfassung der beiderseitigen Schreiben widersprachen einander. Evremar erklärte, er hätte dieselben erhalten nach Daiberts Tode, und nachdem man in Jerusalem von dem Synodalbeschluss Kunde erhalten. Arnulf und seine Freunde dagegen behaupteten, der Patriarch habe die Schriftstücke erhalten, bevor man den Beschluss der Synode genau gekannt habe; sobald man aber davon unterrichtet worden sei, habe man ihn nicht mehr als Bischof angesehen und ihm den Gehorsam verweigert [3]).

Da keine Partei das Unrecht der anderen unwiderleglich nachweisen konnte, beschloss der Papst und die versammelten Väter, einen Legaten nach Jerusalem zu senden, um die Sache an Ort und Stelle zu untersuchen. Evremar sollte alsdann durch Zeugen, welche die Wahrheit ihrer Aussagen eidlich erhärten müssten, beweisen, dass er seine Briefe empfangen, nachdem man von dem Tode Daiberts und der Entscheidung des Konzils Kenntniss erhalten; könnte er diesen Nachweis liefern, dann müssten ihn Klerus und

---

[1]) Dass Aichard in Rom gewesen, wissen wir aus der Stiftungsurkunde des Bistums Betlehem bei Wilh. von Tyr. T. 472 u. f.

[2]) Breve vom 4. Dezember 1107.

[3]) ibidem: De litterarum quoque tempore magna inter eos dissensio est facta. Evremarus vero ad suae allegationis robur litteras, quas attulerat, post Daiberti obitum, post cognitam concilii sententiam datam sibi a rege, a capitulo et a caeteris, quorum erant inscripta, nominibus asserebat; illi e contra ante certam synodalis sententiae notitiam litteras illas datas contestabantur, se vero et caeteros capituli fratres post illius sententiae certam notitiam nullam ei, tamquam suo episcopo subiectionem aut oboedientiam exibuisse, immo tam se quam regem illi, ut a Jerosolymitana cathedra discederet, institisse sicut in regis et aliorum, quas attulerat litteris videbatur.

Volk von Jerusalem als ihren Patriarchen anerkennen und ihm gehorchen. Im Falle er aber die Briefe empfangen, bevor man den Beschluss des Papstes gekannt, habe er das Patriarchat aufzugeben [1].

Es sei alsdann eine Neuwahl, aber ohne jede Beeinflussung streng nach den Gesetzen der Kirche vorzunehmen. Sollte sich jedoch auch in Jerusalem eine Einigkeit bezüglich des Empfanges der Briefe nicht herbeiführen lassen, dann habe Evremar die Wahrheit seiner Aussage durch den Schwur sieben glaubwürdiger Männer zu beweisen [2].

Mit diesem Schreiben des Papstes versehen wurde Evremar in Begleitung des päpstlichen Legaten, des Erzbischofs Gibelin von Arles [3], nach Jerusalem zurückgesandt. Hier hielt der Legat eine Synode, auf welcher Evremar abgesetzt wurde [4]. Wir müssen desshalb annehmen, dass es ihm nicht gelang, den von ihm geforderten Nachweis über den Empfang der Briefe zu führen.

Der Widerspruch in dem Inhalt der Briefe und bezüglich der Zeit ihrer Abfassung lässt sich dahin erklären, dass der Patriarch dieselben empfangen habe, als die erste Kunde von der Wiedereinsetzung Daiberts nach Jerusalem kam. Die Schreiben mögen ausgestellt worden sein nach dem Todestage Daiberts, aber bevor man in Jerusalem davon Kunde erhalten hatte. Evremar sollte mit diesen Schriftstücken nach Rom gehen, um sich in seinem Amte zu be-

---

[1] ibidem: Sic ergo a nobis et a fratribus nostris est statuta sententia: si apud vos hoc pro certo constiterit, quod post certam sententiae nostrae syndalis notitiam eum communiter in capitulo elegistis, exigente videlicet ecclesiae voluntate et litterarum, quas per eum nobis misistis petitione, animo ipsi deinceps oboedire sicut vestro episcopo debeatis; si vero secus actum constiterit, ipse deinceps Hierosolymitana cedat ecclesia.

[2] ibidem.

[3] Dass der Legat der Erzbischof Gibelin von Arles war, wissen wir aus der Stiftungsurkunde des Bistums Betlehem.

[4] Wilh. von Tyr. l. 458 sagt, dass das Konzil noch in demselben Jahre stattfand. Dies lässt sich nicht erweisen. Unmöglich wäre es nicht, da die Seereise von Italien nach Palästina ungefähr 14 Tage dauerte und der Legat das Konzil gewiss gleich nach seiner Ankunft gehalten haben wird.

Alb. Aq. lib. X. c. 58 setzt die Rückkehr Evremars wohl richtiger in das Jahr 1108.

haupten. Inzwischen kam die Nachricht von dem Tode Daiberts und die amtliche Mitteilung des Synodalbeschlusses nach Palästina. Im Besitze dieser Briefe, welche deutlich genug den Wunsch des Königs und des Klerus aussprachen, Evremar möge in seinem Amte bleiben, glaubte dieser nun rechtmässiger Patriarch zu sein und verzichtete auf die Reise nach Rom. Da damals sein Verhältnis zum König und Klerus ein gutes war, erhob sich kein Widerspruch. Als aber Evremar später missliebig wurde, berief man sich, um ihn zu beseitigen, auf den Synodalbeschluss und, wie wir gesehen haben, nicht ohne Erfolg [1]).

Dieses wichtige Schreiben ermöglicht es uns, ein Urteil auszusprechen über die Berichte Alberts und Wilhelms. Kugler [2]) findet darin eine Bestätigung des Albertschen Berichtes, doch mit Unrecht. Denn falsch ist die Angabe Alberts über die Gründe, welche die Absetzung Evremars herbeiführten [3]). Ungenau zum mindesten sind seine Mitteilungen über die Vorgänge in Rom und nach Evremars Rückkehr. Doch auch der Bericht Wilhelms zeigt mehrfache Unrichtigkeiten. So ist falsch, dass Evremar bei seiner Abreise aus Palästina von dem Tode Daiberts noch keine Kunde hatte; auch der Grund, den er für die Absetzung Evremars anführt, ist unrichtig. Richtig dagegen ist seine Angabe über das Ergebnis von Evremars Reise [4]).

Dieser erhielt nach seiner Absetzung die Erlaubnis, das erledigte Erzbistum von Caesarea anzunehmen. Im Jahre 1120 nahm er teil an dem Konzil von Neapolis [5]); 1123 unterschrieb er den Vertrag mit den Venetianern [6]). Wann er gestorben ist, wissen wir nicht. 1129 hat er noch gelebt, wie aus einer von ihm ausgestellten Urkunde hervorgeht [7]).

[1]) Auf den Gegensatz zwischen ante und post certam sententiae synodalis notitiam hat schon Kugler Alb. von Aachen p. 355 u. ff. hingewiesen.

[2]) Kugler A. v. A. p. 357 u. f.

[3]) Der Umstand, dass es ganz dieselben sind, die den Sturz Daiberts herbeigeführt haben, macht die Darstellung nicht wahrscheinlicher.

[4]) Kugler A. v. A. p. 356 verwirft den Bericht Wilhelms vollständig; ich halte ihn im ganzen für zutreffender als den Alberts. S. hierüber auch Kühn p. 44 u. ff. und Röhricht, Königr. Jerus. p. 71 u. ff.

[5]) Wilh. von Tyr. I. p. 531 u. f.

[6]) Wilh. von Tyr. I. p. 533.

[7]) Bei Rozière Nro. 70.

IV. Die Patriarchen Gibelin und Arnulf.
(1108—1112; 1112—1118.)

Nach Evremars Absetzung begannen die Verhandlungen zwischen Volk und Klerus über die Wahl eines neuen Patriarchen. Lange konnte man zu keiner Einigung kommen. Endlich wurde der päpstliche Legat Gibelin selbst einstimmig zum Patriarchen gewählt[1]).

Gibelin war schon 1094 Erzbischof von Arles und leitete als solcher eine Zeitlang auch die Kirche von Avesnes[2]). Im Jahre 1103 wohnte er mit mehreren anderen Bischöfen Süd-Frankreichs der Einweihungsfeierlichkeit der Erlöserkirche zu Aix bei[3]).

Nach Wilhelm von Tyrus soll Arnulf in listiger Weise die Wahl auf diesen alten Mann gelenkt haben, weil er glaubte, nach dessen voraussichtlich bald erfolgendem Tode selbst Patriarch zu werden[4]).

Nur ungern sowohl wegen seines hohen Alters als auch wegen der Liebe zu seinen Diözesanen entschloss sich Gibelin, das Patriarchat anzunehmen. In einem Briefe an die Kirche von Arles klagt er, dass er gezwungen sei, Bewohner eines Landes zu werden, wohin er eben erst als Fremdling gekommen sei. Nur auf ausdrücklichen Wunsch des Papstes habe er sich dazu entschlossen. Er empfinde mehr Schmerz ob der Trennung von seiner Kirche als Freude über seine Erhöhung[5]).

Unter Gibelin fand die Jerusalemer Kirche endlich den lang entbehrten Frieden. Die Persönlichkeit des Patriarchen

---

1) Wilhelm von Tyr. I. p. 458.
2) Gallia christiana. Paris 1715. l. p. 140.
3) ibidem.
4) Wilh. von Tyr. l. c.
5) Brief Gibelins an die Suffragane und das Volk von Arles bei Baronius XVIII. p. 197 ad an. 1107. Dass dieser Brief noch im Jahre 1107 geschrieben worden sei, ist jedoch nicht anzunehmen. Erst nach dem 4. Dezember 1107 erfolgt die Abreise des Legaten aus Rom. Nach seiner Ankunft in Jerusalem wird dann Evremar abgesetzt und er selbst gewählt; er weigert sich die Wahl anzunehmen. Hierauf geht ein Bericht nach Rom und ein päpstliches Schreiben, worin er zur Annahme des Patriarchats aufgefordert wird, nach Jerusalem. Dies alles konnte unmöglich noch im Dezember des Jahres 1107 geschehen.

trug hierzu wesentlich bei. Sein Alter hatte ihn nachgiebig gemacht, nnd der Wunsch des Papstes, sowie das Schicksal seiner Vorgänger leiteten seine Handlungsweise. In ihm hatte Arnulf endlich den Mann gefunden, der seine Persönlichkeit zur vollen Geltung kommen liess. So finden wir den Erzdiakon, solang Gibelin Patriarch ist, als den eigentlichen Leiter der Jerusalemer Kirche[1]). Es darf hierbei allerdings nicht verkannt werden, dass Gibelin in ganz neue Verhältnisse kam und in dem hiermit vertrauten Arnulf seinen natürlichen Berater finden musste. Daraus erklärt sich das gute Verhältnis zwischen den beiden Männern, das bis zu Gibelins Tode nicht getrübt wurde.

Mit grossem Eifer ging der neugewählte Patriarch an die Ordnung der kirchlichen Verhältnisse des Königreichs, die infolge der Streitigkeiten sehr im Argen lagen.

Schon lange war es ein Lieblingswunsch König Balduins, die Kirche zu Betlehem, wo er die Krone empfangen, zu einem Bistum zu erheben. Nach sorgfältigen Beratungen mit dem Erzdiakon Arnulf und dem Kapitel von Jerusalem erhielt ersterer und der Dekan Aichard, als sie 1107 nach Rom gingen, den Auftrag, den Papst um seine Zustimmung zu dem Plane des Königs zu bitten. Paschalis hatte damals in Gegenwart dieser beiden Abgesandten dem Gebilin aufgetragen, den Wunsch des Königs zu erfüllen[2]).

Doch erst im Jahre 1109[3]) konnte dieser den Auftrag des Papstes ausführen. Mit Zustimmung des ganzen Volkes und des Kapitels vom heiligen Grabe wurde Aschetinus, welcher die Betlehemer Kirche bis dahin geleitet hatte, zum Bischof derselben erhoben. Die Kirche von Askalon wurde mit dem neuen Bistum vereinigt und dasselbe reichlich ausgestattet[4]). Im Jahre 1110 begleitete der Patriarch den König auf seinem Zuge gegen die Türken[5]).

---

[1]) In der Vergleichsurkunde zwischen dem Bischof von Nazareth und dem Abte vom Berge Tabor (Mansi, concil. Rom. XXI. p. 71) ist ausdrücklich die Zustimmung Arnulfs hervorgehoben.

[2]) Wilh. von Tyr. I. p. 472 u. f.

[3]) Kühn op. c. p. 49 und Exkurs II.

[4]) Wilh. von Tyr. l. c.

[5]) Fulcher III. p. 421.

1111 schlichtete Gibelin den Streit zwischen dem Bischof von Nazareth und den Mönchen vom Berge Tabor wegen der Gerechtsame des Bischofs auf das Kloster. Auf einer Synode wurde beschlossen, dass die Ordination des Abtes und der Mönche sowie die Konsekration der Hauptkirche unbestritten dem Patriarchen von Jerusalem zustehen solle. Alle übrigen bischöflichen Rechte dagegen erhielt der Bischof von Nazareth. Auch bezüglich der Einkünfte des Bischofs und des Klosters wurde eine Einigung herbeigeführt[1]).

Der Machtbereich der Jerusalemer Kirche fand unter Gibelin eine Erweiterung, was zu einem Streite zwischen den Kirchen von Jerusalem und Antiochien führte, der erst unter Arnulf beigelegt wurde. Die Veranlassung hierzu ging vom Könige aus. Dieser wollte nicht zugeben, dass der Bischof einer ihm unterthänigen Stadt (Beiruts) als Suffragan des Patriarchen von Antiochien fremdem Einflusse unterworfen wäre[2]). Er verlangte deshalb vom Papste die Genehmigung, dass alle Städte und Gegenden, welche er den Türken noch entreissen würde, dem Patriarchat von Jerusalem unterstellt werden sollten[3]).

Der Papst, erfreut über den Eifer des Königs für die Jerusalemer Kirche und ohne Kenntnis der Verhältnisse im Orient, kam der Forderung des Königs bereitwillig entgegen. In einem Briefe an Balduin erklärt er, dass der Besitz und die Grenzen der orientalischen Kirchen durch die langjährige Herrschaft der Türken verwirrt und nicht mehr festzustellen seien. Er komme deshalb dem Wunsche des Königs, der gelobt habe, mit seiner Person für die Erhöhung der Kirche einzutreten, gerne nach und erlaube, dass alle Städte der Ungläubigen, die er schon erobert habe oder noch erobern würde, den Patriarchen von Jerusalem als ihren Metropoliten anerkennen sollten[4]).

---

[1]) Mansi, concil. Rom. XXI. p. 71. Ueber die Datierung s. Kühn op. c. Exkurs II.
[2]) Kühn p. 50.
[3]) Wilh. von Tyr. I. p. 502.
[4]) Wilh. von Tyr. I. p. 502; Jaffé, ed. II. Nro. 6297. Röhricht, Reg. Reg. Hier. Nro. 60.

In einem anderen Briefe wurde Gibelin die Entscheidung des Papstes mitgeteilt[1]).

Gegen dieses Zugeständnis protestierte der Patriarch von Antiochien, da es seinen Machtbereich wesentlich beschränkte. Das Ende des ausbrechenden Streites erlebte Gibelin nicht mehr; er starb am 6. April 1112[2]).

Arnulf.

Bei Gibelins Tode lagen die Verhältnisse so, dass Arnulf glaubte, endlich als Bewerber um das Patriarchat auftreten zu können. Während seiner zwölfjährigen Thätigkeit als Erzdiakon hatte er Gelegenheit gehabt, seine Kräfte genügend zu erproben. Schon 1100 war es hauptsächlich Arnulf gewesen, welcher die Bestrebungen Daiberts auf den Besitz Jerusalems vereitelt hatte. Ebenso führte er die Absetzung Daiberts und die Wahl Evremars herbei. Als es ihm dann gelungen war, auch diesen zu stürzen, wird auf seine Veranlassung Gibelin Patriarch. Hieraus lässt sich erkennen, wie gross der Einfluss dieses Mannes war. Sein Rat wird ebensosehr vom Könige wie vom Patriarchen begehrt, und nichts Wichtiges im Reiche geschieht ohne denselben. [3]) So war seine Wahl nur eine rechtliche Anerkennung der bestehenden Verhältnisse: Arnulf erhielt jetzt auch äusserlich die Macht, die er in der That schon längst besass.

Seine Wahl fällt zwischen den 6. April 1112, den Todestag Gibelins, und den 26. dieses Monats, an welchem Tage er in dem oben erwähnten Briefe schon als Patriarch unterschreibt.

Unter Arnulf wurde der Streit zwischen den Kirchen von Jerusalem und Antiochien beigelegt. Wie bereits oben gesagt wurde, hatte der Patriarch Bernhard von Antiochien sofort gegen die päpstliche Verfügung Einspruch erhoben. [4])

---
[1]) Wilh. von Tyr. l. c. Jaffé Nro. 6298; Röhricht, Reg. Nro. 61.

[2]) Brief des Patriarchen Arnulf an den Abt und die Mönche von Fructuaria. Das Ende dieses Briefes finden wir bei Baronius, Annales eccl. ad. an. 1112. p. 245. Röhricht, Reg. Nro. 64. Hagenmeyer p. 392 Anm. 17 nimmt nach Wilh. von Tyr. als Todesjahr fälschlich 1111 an.

[3]) Nach Wilhelm von Tyrus ist auch die Forderung Balduins auf Erweiterung des Machtgebiets der Jerusalemer Kirche auf den Klerus und hier wieder in erster Linie auf Arnulf zurückzuführen.

[4]) Wilh. von Tyr. l. p. 503.

Der kluge und energische Kirchenfürst hatte sogleich die folgenschwere Bedeutung derselben für sein Bistum erkannt. Bei dem schwankenden Besitzstande der Christen in Syrien konnte es leicht geschehen, dass die Türken den Christen eine Stadt entrissen, die dann wieder von diesen erobert wurde. So war bereits der Fall eingetreten, dass Beirut, das früher dem Patriarchen von Antiochien unterstellt gewesen, jetzt unter das Patriarchat von Jerusalem gekommen war.

Paschalis, der jeden Streit vermeiden wollte und jetzt selbst das Ungerechtfertigte seines Zugeständnisses an die Jerusalemer Kirche einsah, bat den Patriarchen Bernhard in einem Briefe vom 8. August 1112, in der Freundschaft und Ergebenheit gegen den apostolischen Stuhl zu verharren. Er habe nicht im Sinne gehabt, die Kirche von Antiochien zu schädigen; er habe sich nur durch seine Unkenntnis des Landes zu der Entscheidung verleiten lassen[1].

Bernhard beruhigte sich hierbei jedoch nicht, und so sah sich der Papst, nachdem auf einer Synode zu Benevent über die Angelegenheit verhandelt worden war, genötigt, sein der Jerusalemer Kirche gemachtes Zugeständnis zu modifizieren: Dasselbe habe nur den Sinn gehabt, dass alle noch zu erobernden Städte, deren Grenzen und Zugehörigkeit zu einer Kirche sich nicht feststellen liessen, dem Patriarchen von Jerusalem zugewiesen werden sollten. Diejenigen Städte jedoch, welche nachweislich einer bestimmten Kirche zugehört hätten, sollten derselben nicht entzogen werden[2].

Diese Entscheidung teilte der Papst auch dem Klerus von Jerusalem und Balduin mit und bat letzteren, den Sprengel von Antiochien nicht zu beeinträchtigen[3].

Hierdurch war dieser Streit, welcher eine grosse Erbitterung und Verwirrung im Orient hervorzurufen gedroht hatte, beigelegt.

Im Anfange des Jahres 1113 wurde durch eine Bulle Paschalis II. die Aufsicht über die Hospitaliter vom heiligen Johannes dem Täufer dem Patriarchen von Jerusalem ent-

---

[1] Wilh. von Tyr. l. c. Jaffé ed. II. Nro. 6328; Röhricht, Reg. Nro. 66.
[2] Wilh. von Tyr. l. c. Jaffé Nro. 6343.
[3] Wilh. von Tyr. l. c. Jaffé Nro. 6344.

zogen und dieselben unmittelbar unter den Schutz des römischen Stuhles gestellt¹).

Im Sommer desselben Jahres begleitete Arnulf den König auf seinem Zuge gegen die Türken, die sich in bedeutender Stärke am galiläischen Meere gelagert hatten und das Land verwüsteten. Das christliche Heer liess sich zu einem unbesonnenen Angriff verleiten und fiel in einen Hinterhalt. Der König verlor auf der Flucht sein Zelt und seine Fahne. Auch der Patriarch entging nur mit Mühe der Gefangenschaft.

Als das christliche Heer sich jedoch von Tag zu Tag durch Pilger verstärkte, zogen sich die Türken in das Gebiet von Damaskus zurück. Infolgedessen entliess auch der König sein Heer und begab sich mit Arnulf²) nach Akkon, um seine Braut zu empfangen, die kurz vorher gelandet war. Es war Adelheid, die Witwe des Grafen Roger von Sicilien, eines Bruders von Robert Guiscard.³)

Der König hatte die reiche Witwe durch eine Gesandtschaft um ihre Hand gebeten. Dieselbe war ihm unter der Bedingung zugesagt worden, dass ein aus' dieser Ehe entsprossener Sohn König von Jerusalem werde. Wenn die Ehe kinderlos bliebe, so sollte der König den Sohn der Gräfin aus ihrer ersten Ehe zu seinem Nachfolger ernennen.

Balduin nahm mit Rücksicht auf den Reichtum der Gräfin und seine eigene Not diese Bedingung an. So erschien die Gräfin mit ihren'Schätzen in Akkon, wo sie von dem König, dem Patriarchen und allem Volke aufs feierlichste empfangen wurde.

Nachdem die gemachten Versprechungen noch einmal beschworen worden waren⁴), wurde die Ehe vollzogen⁵).

---

¹) Jaffé ed. II, Nro. 6341; bei Mansi XXI. p. 87.
²) Wilh. von Tyr. I. p. 489.
³) Fulcher III. p. 428; Wilh. von Tyr. I. p. 487 u. f. Albert (lib. XI. c. 13) lässt den König die Gräfin erwarten und ihr drei Schiffe entgegensenden. Die Zeit der Ankunft setzt Albert richtig in die erste Hälfte des August. Diese Angabe stimmt mit Fulcher überein. Hody op. c. p. 355 hält Adelheid fälschlich für die Schwester Robert Guiscards.
⁴) Wilh. von Tyr. I. p. 489.
⁵) Alb. Aq. lib. XI. c. 14.

Diese Heirat war jedoch nach den Gesetzen der Kirche unstatthaft, da Balduins frühere Gemahlin, die er in den ersten Jahren seiner Regierung verstossen hatte, noch lebte[1].

Wilhelm von Tyrus macht Arnulf den Vorwurf, dass er diese Verbindung veranlasst und der Gräfin hinterlistiger Weise verheimlicht habe, dass des Königs erste Gemahlin noch lebe[2].

Der Erzbischof geht offenbar in seinem Tadel zu weit doch können wir auch Hody nicht beistimmen, welcher meint, der Patriarch habe diese Ehe nicht begünstigt, weil er später ihre Auflösung gefordert habe,[3] denn Albert sagt uns, dass der Patriarch dies auf ausdrücklichen Befehl des Papstes gethan habe.[4] Hierfür spricht der Umstand, dass Arnulf drei Jahre zu dieser Ehe geschwiegen hatte und dann unmittelbar nach seiner Rückkehr von Rom die Auflösung derselben forderte.

Ferner wissen wir, dass Arnulf beim König grossen Einfluss hatte, und es ist gewiss, dass dieser, wie bei anderen Gelegenheiten, auch hierbei den Rat des Patriarchen eingeholt hat. Es ist nicht wahrscheinlich, dass der König seinen Plan gegen den Widerspruch Arnulfs ausgeführt hätte. Auch aus seiner Gegenwart beim Empfange der Gräfin und aus dem fortgesetzt guten Einvernehmen mit Balduin geht hervor, dass der Patriarch mit dieser Ehe einverstanden war.

Im Jahre 1114 erliess Arnulf in Uebereinstimmung mit dem Könige eine Verordnung, durch welche den Chorherren vom heiligen Grabe eine strengere Regel gegeben wurde, da infolge der reichen Einkünfte nach und nach eine grosse Sittenlosigkeit unter ihnen eingerissen war. Dies hatte schon Evremar veranlasst, ihnen einen Teil ihrer reichen Einkünfte zu entziehen, und der letzte Wunsch des sterbenden Gibelin ging dahin, ihre Freiheiten zu beschränken[5].

---

[1] Fulcher III. p. 433; Wilh. von Tyr. l. c. Nach Albert war Balduin mit der Gräfin von Sicilien auch noch verwandt; für die Richtigkeit dieser Angabe ergab sich kein Anhalt.

[2] Wilh. von Tyr. I. p. 488.

[3] Hody op. c. p. 95.

[4] Alb. Aq. lib. XII. c. 24.

[5] Rozière Nro. 42; Röhricht, Reg. Nro. 75.

Schon hierdurch allein fällt der Vorwurf, welchen Wilhelm von Tyrus Arnulf macht, dass er gegen die Chorherren nur deshalb vorgegangen sei, um seinen eigenen unmoralischen Lebenswandel zu verdecken[1]).

Wiederholte Ermahnungen des Patriarchen, ein Gott wohlgefälliges Leben zu führen, waren von ihnen unbeachtet geblieben; deshalb sah sich dieser endlich genötigt, ihre ganze bisherige Regel umzugestalten. Er zwang sie, nach der Vorschrift des heiligen Augustinus gemeinsam zu leben und zu speisen, um ihre Ueppigkeit zu beschränken. Einige, welche diese strengere Regel nicht beobachteten, stiess er aus dem Orden aus[2]).

Arnulf sollte zuletzt doch noch von demselben Schicksal ereilt werden, das er seinen Vorgängern Daibert und Evremar bereitet hatte. Seine Gegner, zu denen auch Evremar gehörte, machten ihm den Vorwurf, dass er einer unerlaubten Ehe entsprossen sei und dass er verbotenen Umgang pflege mit der Gattin eines gewissen Girardus und mit einer Saracenin, von der er einen Sohn habe. Auch behauptete man, dass er durch die Gewaltthätigkeit des Königs das Patriarchat erlangt habe[3]).

Wilhelm von Tyrus beschuldigt den Patriarchen noch ausserdem, dass er seiner Nichte bei ihrer Vermählung mit Eustachius Grenerius die Stadt Jericho mit ihren Einkünften (jährlich 5000 Goldstücke) übertragen habe[4]).

Der Umstand, dass sich Arnulf in Rom hiergegen nicht zu verantworten hatte, beweist, dass dieser Vorwurf Wilhelms unbegründet ist; andernfalls hätten seine Feinde gewiss nicht unterlassen, dies gegen ihn auszunutzen[5]).

Auf diese Anklagen hin sah sich der Papst genötigt, den Bischof Berengar von Orange als seinen Legaten nach Jerusalem zu senden, um die Sache zu untersuchen. Der Legat berief 1115 ein Konzil nach Jerusalem, auf welchem

---

[1]) Wilh. von Tyr. l. p. 479.
[2]) Rozière Nro. 25.
[3]) Die Anklagen, die gegen Arnulf erhoben wurden, erfahren wir aus dem Briefe, welchen der Papst im Jahre 1116 an Balduin schrieb Rozière Nro. 11. Jaffé Nro. 6528.
[4]) Wilh. von Tyr. I. p. 479.
[5]) Hierzu s. Kühn op. c. p. 55. Anm. 4.

die Anklagen gegen den Patriarchen untersucht und dieser seiner Würde entsetzt wurde [1]).

Arnulf gab sich jedoch mit dieser Entscheidung nicht zufrieden. Er ging in Begleitung des Bischofs Aschetinus von Betlehem, des Abtes Hugo vom Thale Josaphat, des Priors Arnaldus vom Berge Syon und der Chorherren Petrus und Wilhelm nach Rom, um gegen den Spruch der Synode beim Papste Berufung einzulegen. Sie überbrachten Briefe vom Könige und dem Klerus, worin die schwierige Lage der Jerusalemer Kirche hervorgehoben und gebeten wurde, die Entscheidung des Legaten aufzuheben. Ueber diesen führten sie heftige Klage, dass er auf eine einseitige Aussage hin den Patriarchen entsetzt habe [2]).

Der Papst hielt Arnulf und seine Begleiter längere Zeit zurück, um die Ankunft seines Legaten abzuwarten. Als dieser jedoch nicht erschien und auch keine Kunde von ihm eintraf, wurde die Angelegenheit auf einer Versammlung der Kardinäle verhandelt. Hier schwuren die sämtlichen oben genannten Männer aufs Evangelium, dass sie, um den Frieden der Kirche zu fördern, durch einstimmigen Beschluss Arnulf zum Patriarchen gewählt hätten. Ein Zwang von seiten des Königs sei nicht ausgeübt worden. Von dem Vorwurf eines unsittlichen Lebenswandels reinigte sich Arnulf durch einen Schwur [3]).

Von der Bestimmung der Kirche, dass der Sohn eines Priesters in derselben kein Amt bekleiden dürfe, dispensierte ihn der Papst in Rücksicht der vielen und grossen Verdienste, die er sich um die Jerusalemer Kirche erworben hätte. Arnulf wurde in sein Amt wiedereingesetzt und, um alle seine Feinde verstummen zu machen, mit dem Pallium ausgezeichnet [4]).

---

[1]) Wilh. von Tyr. I. p. 499. Fulcher III. p. 431.
[2]) Der schon erwähnte Brief des Papstes.
[3]) ibidem.
[4]) ibidem.

So kehrte Arnulf in der zweiten Hälfte des Jahres 1116[1]) mit der vollen Gunst des apostolischen Stuhles nach Jerusalem zurück. Wie schon oben gesagt worden, brachte er von Rom den Auftrag mit, die zweite Ehe des Königs, die dieser bei Lebzeiten seiner ersten Gemahlin geschlossen hatte, zu lösen. Er benutzte eine schwere Krankheit des Königs, um ihn hierzu zu bewegen. Balduin, der seinen Tod vor Augen zu sehen glaubte, liess sich von seinem Unrecht leicht überzeugen und gab seine Zustimmung[2]). Nach Kugler[3]) erleichterten ihm politische Erwägungen seinen Entschluss. Da die Ehe kinderlos geblieben war, musste nach dem Vertrage der Sohn der Königin aus ihrer ersten Ehe Balduin auf dem Throne folgen. Hierdurch aber wäre der Fortbestand des Reiches in Frage gestellt worden, und so ergriff der König vielleicht nicht ungern die Gelegenheit, diese Schwierigkeit zu beheben.

Der Patriarch hielt zu Akkon in der Kirche des heiligen Kreuzes eine Synode, auf welcher nach dem Urteile aller Bischöfe und Geistlichen die Auflösung der Ehe feierlich ausgesprochen wurde[4]).

Während des Winters blieb die Königin noch in Palästina; erst am 25. April 1117 kehrte sie mit ihrem Gefolge von Akkon nach Sicilien zurück[5]).

Noch einmal erholte sich der König von seiner Krankheit, doch erlangte er nicht mehr die frühere Rüstigkeit. Im

---

[1]) Das Begleitschreiben des Papstes ist datiert Priverni XIV. cal. augusti, indictione IX incarnationis dominicae anno 1117. Dies ist jedoch pisanische Zeitrechnung, da die 9. Indiction nur bis zum 1. September 1116 reicht. Trotzdem schon Jaffé in seinen Regesten das Schreiben (Nro. 6528) richtig datiert hat, behält Hody p. 104 das Jahr 1117 bei.

[2]) Fulcher III. p. 433 exitu siquidem anni (1116) appropinquante molestia corporis ingruente, quia rex mori tunc timuit, dimisit uxorem suam superius memoratam, Siculorum scilicet comitissam, nomine Adelaidem, quia iniuste duxerat eam: eo quod adhuc viveret sua, quam apud urbem Edessam ante recte duxerat. — Kugler, A. v. A. p. 400 und Röhricht, Königr. Jerus. p. 117 setzen die Krankheit des Königs nach Albert in das Frühjahr 1117. Ich halte mit Kühn p. 57 Anm. 1 die Zeitangabe Fulchers für richtiger.

[3]) Kugler Alb. v. A. p. 401.
[4]) Alb. Aq. lib. XII. c. 24.
[5]) Fulcher III. p. 433.

Jahre 1118 unternahm er einen Zug nach Aegypten. Schon war er bis zum Nil vorgedrungen, als er nach dem Genuss von Fischen erkrankte. Er gab alsbald das Zeichen zur Umkehr, musste jedoch in einer Sänfte getragen werden, da er sich auf dem Pferde nicht mehr halten konnte. Aber schon in Laria (El-Arisch), einer Stadt südlich von Askalon, erlag der König seiner Krankheit am 2.[1]) April 1118[2]).

Seine Eingeweide wurden hier beigesetzt, sein Leib aber einbalsamiert und nach Jerusalem gebracht. Der traurige Zug erschien gerade in dem Augenblicke vor dem Thore der heiligen Stadt, als der Patriarch und der Klerus am Palmsonntage nach der Weihe der Palmen vom Oelberge herabstiegen. Diesen zog eben eine grosse Menschenmenge, die sich zu dieser Feier in Jerusalem eingefunden hatte, unter lauten Gesängen entgegen. Da erblickten sie den Zug der Ritter und die von ihnen getragene Leiche des Königs. Sofort verstummten die Gesänge und alle brachen in lautes Schluchzen und Weinen aus. Durch das goldene Thor, durch welches einst Christus auf einer Eselin reitend eingezogen war, wurde die Leiche des Königs getragen. Auf allgemeinen Beschluss wurde die Leichenfeier vom Patriarchen sofort vorgenommen. Auf dem Kalvarienberge, neben seinem Bruder Gottfried, wurden Balduins sterbliche Ueberreste beigesetzt.[3])

Bald nach der Beisetzung Balduins versammelte der Patriarch die Bischöfe und Grossen des Reiches, um über die Wahl eines Nachfolgers zu beraten. Kurz vor seinem Tode hatte Balduin seinen Bruder Eustach und erst, wenn dieser die Regierung nicht übernehmen sollte, seinen Neffen Balduin von Burg zu seinem Nachfolger bestimmt.[4]) Da Eustach fern im Abendlande weilte und ein längeres Interregnum dem Reiche verderblich werden musste, so wurde unter dem Einflusse Arnulfs der in Jerusalem anwesende

---

[1]) Röhricht, Königr. Jerus. p. 119.

[2]) Fulcher III. p. 436 u. f. Wilh. von Tyr. I. p. 508 u. f. Alb. Aq. ib. XII. c. 27 u. f.

[3]) Fulcher, Wilh. von Tyr. Alb. Aq. l. l. c. c.

[4]) Alb. Aq. l. c.

Balduin von Burg zum König gewählt. Schon am Ostertage (14. April) 1118 wurde derselbe vom Patriarchen gekrönt.[1] Arnulf überlebte den Tod Balduins I. nicht lange. Schon bei der Krönung Balduins II. hatte er sich unwohl gefühlt; nicht lange darauf erlag er seiner Krankheit, wie Albert sagt, aus Gram über den Tod des Königs. So blieben die beiden Männer, die im Leben lange Zeit zusammen gewirkt und in vielen Beziehungen eine gewisse Aehnlichkeit mit einander gehabt hatten, auch im Tode vereint. Die Wirksamkeit beider ist für die Geschicke des jungen Königreichs und des neuerrichteten lateinischen Patriarchats von bleibenden Folgen gewesen.

[1] Fulcher III. p. 441. Alb. Aq. lib. XII. c. 30. Wilh. von Tyr. I. p. 517; letzterer setzt Ostern fälschlich auf den 2. April.